Rolf Schwippert

Fiete lehrt Plattdüütsch

En Lehrbook för Anfänger, Lütte un anner Lüüd

Husum

Bibliografische Information der Deutschen Nationalbibliothek

Die Deutsche Nationalbibliothek verzeichnet diese Publikation in der Deutschen Nationalbibliografie; detaillierte bibliografische Daten sind im Internet über http://dnb.dnb.de abrufbar.

16. Auflage 2024

Husum Druck- und Verlagsgesellschaft,
Nordbahnhofstraße 2, D-25813 Husum – www.verlagsgruppe.de

Printed in Germany 2024

ISBN 978-3-89876-227-4

Verzeichnis **Wo wat steiht**

Vorwort

Dieses Buch möchte eine leicht verständliche Hilfe beim Erlernen oder Auffrischen der plattdeutschen Sprache geben. Es ist gedacht für Personen, die sich aus den unterschiedlichsten Gründen mit der plattdeutschen Sprache befassen wollen, z. B. Anfänger, Kinder und Jugendliche, die gern die Sprache ihrer Vorfahren erlernen wollen, für Personen, die nach langer Pause wieder mit der Sprache in Verbindung kommen, Lehrer, die Anregungen suchen, um das Plattdeutsche im Unterricht zu vermitteln.
Sehr oft stellt sich beim Erlernen einer Sprache schnell Ungeduld ein. Um diese möglichst nicht aufkommen zu lassen, ist es vorteilhaft, den Lernenden schnell in die Lage zu versetzen, einfache plattdeutsche Texte zu lesen, zu verstehen und zu sprechen.
Die Praxis hat gezeigt, dass Regeln oft den Anfängern die Lust am Lernen nehmen und zur Aufgabe bewegen. Aus diesem Grund ist bewusst auf die Vorgabe von Regeln verzichtet worden.
Ebenso scheint es zu Beginn wenig wichtig zu sein, Regeln für die Aussprache anzuführen, denn die Aussprache ist je nach Region sehr unterschiedlich. Es ist darum beim Lernen ohne große Bedeutung, ob z. B. das „a“ in der Aussprache mehr zum hochdeutschen „a“ oder mehr zum „e“ tendiert, ob das „g“ am Ende eines Wortes mehr nach einem hochdeutschen „g“ oder nach einem „ch“ klingt. In dem Sprachraum in und um Lübeck wird ohnehin vieles anders ausgesprochen als z. B. in den Sprachräumen in und um Flensburg, Hamburg oder Bremen.
Bei dem rapiden Rückgang der Plattsprecher in der heutigen Zeit sollte man den Lernwilligen die Möglichkeit geben, rasch und unbeschwert von sprachtechnischen Hilfsmitteln und Regeln die Fähigkeit zu erlangen, mit der plattdeutschen Sprache umzugehen und sie zu benutzen. Mit zunehmenden

Kenntnissen erkennt der Lernende schnell, wie in seinem Umfeld gesprochen wird und welche Ausdrücke verwendet werden. Er wird bald ein richtiges Sprachgefühl entwickeln.
Beim Lernvorgang wird zu Anfang das ähnliche Schriftbild vom Hochdeutschen und Plattdeutschen zu Hilfe genommen. Es sind darum in kurzen Sätzen möglichst die gleichen Wörter übereinander angeordnet. Es empfiehlt sich, die Sätze zunächst leise zu lesen und sie danach mehrere Male laut zu wiederholen. Das begünstigt den Abbau der Hemmschwelle beim Sprechen. Die Abschnitte „Zum Nachlesen" sollen nicht zwangsläufig auswendig gelernt werden. Durch gelegentliches Nachlesen soll der bereits behandelte Stoff in Erinnerung gehalten werden.
Das Buch ist in „Holsteiner Platt", wie es in und um Lübeck gesprochen wird, abgefasst. Der Standort liegt fast in der Mitte des plattdeutschen Sprachraumes. Die sprachlichen Abweichungen machen sich nur allmählich mit zunehmender Entfernung bemerkbar. Dieses und die Auslegung der Schreibweise nach dem Buch von Dr. Johannes Sass:

„Kleines plattdeutsches Wörterbuch"

bringt den Vorteil, dass sich das Buch in einem größeren Ausbreitungsbereich der norddeutschen Mundarten benutzen lässt.

Es ist zu wünschen, dass vielen Lernenden mit diesem Buch der Einstieg in die plattdeutsche Sprache gelingen möge und die Zahl der Plattsprecher wieder zunimmt.

Rolf Schwippert

Weitere Quellen:
Dr. Wolfgang Lindow: „Plattdeutsches Wörterbuch"
G. und J. Harte: „Hochdeutsch-plattdeutsches Wörterbuch"

Die kleinen Skizzen sind vom Autor erstellt.

Familie – **Familie**

Friedrich – **Fiete**

Hallo, guten Tag, ich bin Friedrich!
Hallo, goden Dag, ik bün Fiete!

Ich will gern Plattdeutsch lernen
Ik will geern Plattdüütsch lehren.

Ich möchte zuerst meine Familie vorstellen.
Ik müch toeerst mien Familie vörstellen.

Familie – Familie

Disse grote hier, dat is mien Vadder/Vader.
Dieser große hier, das ist mein Vater.

He heet Korl.
Er heißt Karl.

Nu kümmt mien Modder an de Reeg.
Nun kommt meine Mutter an die Reihe.

Mien Modder / Moder heet Thea.
Meine Mutter heißt Dorothea.

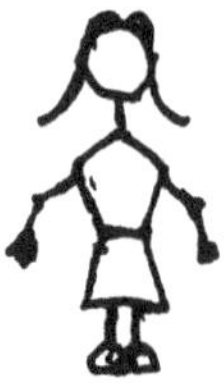

Ik heff ok noch en Swester / Süster
Ich habe auch noch eine Schwester.

Se höört up den Naam Lene.
Sie hört auf den Namen Helene.

Hier sünd wi all tosamen:
Hier sind wir alle zusammen:

Vadder	**Modder**	**Söhn**	**Dochter**
Vater	Mutter	Sohn	Tochter
Korl	**Thea**	**Fiete**	**Lene**
Karl	Dorothea	Friedrich	Helene

Mann	**Fru**	**Jung**	**Mäten**
Mann	Frau	Junge	Mädchen
Öllern		**Kinner**	
Eltern		Kinder	

de Vadder	**de Modder**	**de Söhn**	**de Dochter**
der Vater	die Mutter	der Sohn	die Tochter

de Broder, de Swester, to Mäten seggt man ok Deern.
der Bruder, die Schwester, zu Mädchen sagt man auch Deern.

To disse Familie höört veer Personen / Lüüd,
Zu dieser Familie gehören vier Personen / Leute,

de Vadder, de Modder, de Söhn un de Dochter.
der Vater, die Mutter, der Sohn und die Tochter.

De Vadder is en Mann. De Modder is en Fru.
Der Vater ist ein Mann. Die Mutter ist eine Frau.

De Söhn is en Jung. De Dochter is en Mäten/Deern.
Der Sohn ist ein Junge. Die Tochter ist ein Mädchen.

To'n Nalesen: *Zum Nachlesen:*

de Vadder / Vader — der Vater
de Modder / Moder — die Mutter

de Vadders — die Väter
de Modders — die Mütter

de Söhn — der Sohn
de Söhns — die Söhne
de Dochter — die Tochter
de Döchter — die Töchter

dat Kind — das Kind
de Kinner — die Kinder

de Mann — der Mann
de Fru — die Frau
de Jung — der Junge
dat Mäten — das Mädchen

de Öllern — die Eltern
de Kinner — die Kinder

de Familie — die Familie
de Persoon — die Person
de Lüüd — die Leute
disse — dieser
höört — gehören

Wer hööört noch to uns Familie?
Wer gehört noch zu unserer Familie?

de Grootvadder — der Großvater
de Grootmodder — die Großmutter

de Grootöllern — die Großeltern

de Grootunkel — der Großonkel
de Groottant — die Großtante

de Unkel — der Onkel
de Tant — die Tante

de Vedder — der Vetter
de Kusien — die Kusine

De Jung hett enen Vedder un ok en Kusien.
Der Junge hat einen Vetter und auch eine Kusine.

De Kinner hebbt enen Unkel un ene Tant.
Die Kinder haben einen Onkel und eine Tante.

De Kinner hebbt ok Grootunkels un Groottanten.
Die Kinder haben auch Großonkels und Großtanten.

Grootöllern hebbt de Kinner ok noch.
Großeltern haben die Kinder auch noch.

Welk seggt för Unkel ok Ohm un för Tant Möhm.
Einige sagen für Onkel auch Ohm und für Tante Möhm.

To'n Nalesen: *Zum Nachlesen:*

de Grootmodder die Großmutter	**de Grootvadder** der Großvater
de Groottant die Großtante	**de Grootunkel** der Großonkel
de Tant die Tante	**de Unkel** der Onkel
de Kusien die Kusine	**de Vedder** der Vetter

Beten wat vun de Familie:
Etwas von der Familie:

Vadders Öllern wahnt in uns groot Stadt.
Vaters Eltern wohnen in unserer großen Stadt.

Se wahnt to Miet in en Huus mit veer Familien.
Sie wohnen zur Miete in einem Haus mit vier Familien.

Vadder hett enen Broder un ene Swester.
Vater hat einen Bruder und eine Schwester.

Modder hett ok enen Broder, aver keen Swester.
Mutter hat auch einen Bruder, aber keine Schwester.

Modders Öllern wahnt up'n Lann in en lütt Dörp.
Mutters Eltern wohnen auf dem Lande in einem kleinen Dorf.

Se hebbt enen groten Buernhoff mit veel Deerten.
Sie haben einen großen Bauernhof mit vielen Tieren.

In'n Sommer in de Ferientiet besöökt wi se.
Im Sommer in der Ferienzeit besuchen wir sie.

Wi Kinner freut uns al bannig dorup.
Wir Kinder freuen uns schon sehr darauf.

Wi dörvt in'n Höhnerhoff un in'n Kohstall helpen.
Wir dürfen im Hühnerhof und im Kuhstall helfen.

To'n Nalesen: *Zum Nachlesen:*

de Familie die Familie	**de Familien** die Familien	**dat Kind** das Kind	**de Kinner** die Kinder
de Stadt die Stadt	**de Städer** die Städte	**dat Huus** das Haus	**de Hüser** die Häuser
dat Hohn das Huhn	**de Höhner** die Hühner	**dorup** darauf	**de Höhnerstall** der Hühnerstall
de Koh die Kuh	**de Köh** die Kühe	**de Kohstall** der Kuhstall	**bannig** sehr
dat Land das Land	**de Länner** die Länder	**up'n Lann** auf dem Land	**de Buernhoff** der Bauernhof
besöökt **besöken** besuchen	**dörvt** **dörven** dürfen	**wahnt** **wahnen** wohnen	**freut** **freuen** freuen

Personen – Lüüd
Personen – Leute (Fürwörter)

Wi kennt nu ut den eersten Stremel uns Familie.
Wir kennen nun aus dem ersten Abschnitt unsere Familie.

Nu wüllt wi Personen un Lüüd anspreken.
Nun wollen wir Personen und Leute ansprechen.

Enkelde Personen / einzelne Personen (Einzahl)

Hannelt sik dat üm en Persoon, denn heet dat:
Handelt es sich um eine Person, dann heißt es:

ik – ich

du – du

he – er

se – sie

dat – es

He, se un dat staht all in ene Reeg.
Er, sie und es stehen alle in einer Reihe.

Ik bün alleen, tell dorüm blots een.
Ich bin allein, zähle darum nur eins.

Ik un du, wi sünd al twee.
Ich und du, wir sind schon zwei.

Ik un du un ok he, wi sünd dree.
Ich und du und auch er, wir sind drei.

Ik un du un ok he, dorbi ok se, dat maakt al veer.
Ich und du und auch er, dabei auch sie, das macht schon vier.

Ik un du un ok he, dorbi ok se, dorto noch dat, wo veel sünd dat ?
Ich und du und auch er, dabei auch sie, dazu noch es, wie viel sind das ?

To'n Nalesen: *Zum Nachlesen:*

de Persoon	**de Personen**	**de Stremel**	**de Stremels**	
die Person	die Personen	der Abschnitt	die Abschnitte	
eersten	**enkelde**	**kennt / kennen**	**bün**	
ersten	einzelne	kennen	bin	
anspreken	**heet**	**heten**	**tell**	**tellt**
ansprechen	heißt	heißen	zähle	zählt

ik	**du**	**he**	**se**	**dat**
ich	du	er	sie	es

Nu geiht dat üm mehr Personen / Lüüd
Nun geht es um mehr Personen / Leute (Mehrzahl)

Hebbt wi mit twee oder mehr Personen to doon, so heet dat:
Haben wir mit zwei oder mehr Personen zu tun, so heißt es:

wi – wir **Wi wüllt tosamen Plattdüütsch lehren.**
Wir wollen zusammen Plattdeutsch lernen.

ji – ihr **Ji köönt dat al, ji köönt uns dat lehren.**
Ihr könnt es schon, ihr könnt uns es lehren.

se – sie **Se bruukt dat nich mehr lehren, se sprickt**
Sie brauchen es nicht mehr zu lernen, sie sprechen
dat al.
es schon.

To'n Nalesen: *Zum Nachlesen:*

Acht geven: Dat plattdüütsche Wort „lehren" hett twee hoochdüütsche Bedüden: lernen und lehren.
Achtung: Das plattdeutsche Wort „lehren" gilt für zwei hochdeutsche Begriffe: lernen und lehren.

geiht geht	**gah'n** gehen	**mehr** mehr	**hebbt / hebben** haben
tosamen zusammen	**köönt / könen** können	**nich** nicht	**sprikt / spreken** sprechen
mit mit	**doon** tun	**lehren** lernen / lehren	**brukt / bruken** brauchen

Navers – Nachbarn

Wat hebbt ji för Navers? Ik bün bannig neeschierig.
Was habt ihr für Nachbarn? Ich bin sehr neugierig.

Ik meen, de mütt wi ok noch kennen lehren.
Ich meine, die müssen wir auch noch kennen lernen.

Linker Hand wahnt de Naver mit Fru un Kinner.
Links wohnt der Nachbar mit Frau und Kindern.

Dree Kinner hebbt se, twee Jungs un en Mäten.
Drei Kinder haben sie, zwei Jungen und ein Mädchen.

Se hebbt ok enen Hund un dree lütte, söte Katten.
Sie haben auch einen Hund und drei kleine, süße Katzen.

Rechter Hand wahnt de ole Mann mit sien Fru.
Rechts wohnt der alte Mann mit seiner Frau.

Se sünd beid alleen. Se hebbt kene Kinner.
Sie sind beide allein. Sie haben keine Kinder.

Dorneven wahnt mien Fründ un mien Fründin.
Daneben wohnen mein Freund und meine Freundin.

Wenn wi Tiet hebbt, speelt wi gern tosamen.
Wenn wir Zeit haben, spielen wir gerne zusammen.

To'n Nalesen: Zum Nachlesen:

de Naver der Nachbar	**de Navers** die Nachbarn	**de Fru** die Frau	**de Fruens** die Frauen
dat Kind das Kind	**de Kinner** die Kinder	**de Jung** der Junge	**de Jungs** die Jungen
de Mann der Mann	**de Mannslüüd** die Männer	**de Hund** der Hund	**de Hunnen** die Hunde
de Katt die Katze	**de Katten** die Katzen	**de Siet** die Seite	**de Sieden** die Seiten
de Fründ der Freund	**de Frünnen** die Freunde	**de Fründin** die Freundin	**wat** was

de Tiet	**de Tieden**	**för**	**vör**
die Zeit	die Zeiten	für	vor
büst	**neeschierig**	**sööt**	**söte**
bist	neugierig	süß	süße
anner	**sien**	**sünd**	**alleen**
andere	sein	sind	allein
neven	**nevenan**	**geern**	**tosamen**
neben	nebenan	gern	zusammen
speelt	**spelen**	**hebbt**	**hebben**
spielt	spielen	haben	haben

Goorn un Huus – Garten und Haus

Wi hebbt de Familie un Lüüd kennen lehrt.
Wir haben die Familie und Leute kennen gelernt.

Nu wüllt wi ok kieken, wo de Familie wahnt.
Nun wollen wir auch sehen, wo die Familie wohnt.

Se wahnt in en Huus an'n Rand vun de Stadt.
Sie wohnen in einem Haus am Stadtrand.

Dat Eenfamilienhuus steiht in enen lütten Goorn.
Das Einfamilienhaus steht in einem kleinen Garten.

Üm den Goorn hebbt wi enen Tuun mit'n Poort.
Um den Garten haben wir einen Zaun mit einer Pforte.

Achter den Holttuun wasst en dichte Heck.
Hinter dem Holzzaun wächst eine dichte Hecke.

Överall sünd Rabatten mit veel bunte Blomen.
Überall sind Rabatten mit vielen bunten Blumen.

Üm dat Huus is ok Rasen, de mutt oftins meiht warrn.
Um das Haus ist auch Rasen, der muss öfter gemäht werden.

Achter dat Huus is en Appel- un Kökengoorn.
Hinter dem Haus ist ein Apfel- und Küchengarten.

Dor hett Modder en Eck mit Kökenkrüder un Petersill.
Da hat Mutter eine Ecke mit Küchenkräutern und Petersilie.

Appel- un Plummenbööm staht an't Enn vun'n Gorden.
Apfel- und Pflaumenbäume stehen am Ende des Gartens.

To'n Nalesen: Zum Nachlesen:

de Rabatt die Rabatte	**de Rabatten** die Rabatten	**de Rasen** der Rasen	**dat Kruut** das Kraut
de Bloom die Blume	**de Blomen** die Blumen	**de Boom** der Baum	**de Bööm** die Bäume
de Goorn der Garten	**de Goorns** die Gärten	**dat Huus** das Haus	**de Hüser** die Häuser
de Ruum der Raum	**de Rüüm** die Räume	**de Rand** der Rand	**de Ränner** die Ränder
de Poort die Pforte	**de Poorten** die Pforten	**de Tuun** der Zaun	**de Tüün** die Zäune
de Heck die Hecke	**de Hecken** die Hecken	**kieken** sehen	**dicht** dicht

Huus – Haus

Nu wüllt wi uns dat Huus ankieken.
Nun wollen wir uns das Haus anschauen.

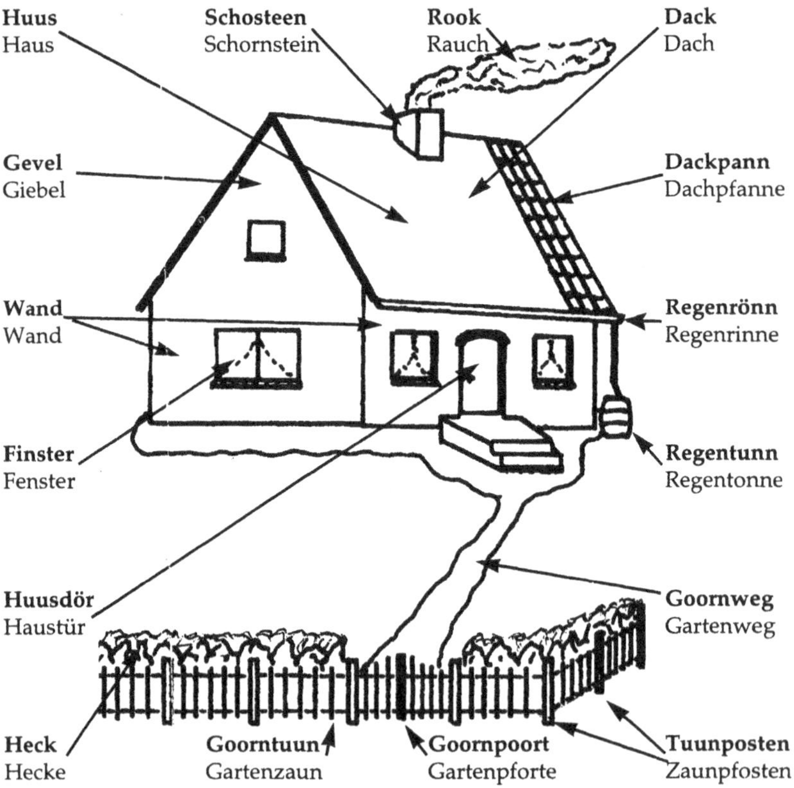

Wat gifft dat allens an't un üm dat Huus?
Was gibt es alles am und um das Haus?

Dat Huus hett Wännen, en Dack mit Dackpannen un enen
Das Haus hat Wände, ein Dach mit Dachpfannen und einen

Schosteen, Finster mit Glasschieven un en Huusdöör
Schornstein, Fenster mit Glasscheiben und eine Haustür

mit en Trepp davör. An't Dack is en Regenrönn. En
mit einer Treppe davor. Am Dach ist eine Regenrinne. Ein

Goornweg geiht bit an de Goornpoort. Üm den Goorn
Gartenweg geht bis an die Gartenpforte. Um den Garten

steiht de Goorntuun mit'n dichte Heck.
steht der Gartenzaun mit einer dichten Hecke.

To'n Nalesen: *Zum Nachlesen:*

de Wand die Wand	**de Wännen** die Wände	**de Dackpann** die Dachpfanne	**de Dackpannen** die Dachpfannen
dat Dack das Dach	**dat Finster** das Fenster	**de Finstern** die Fenster	**de Glasschiev** die Glasscheibe

de Glasschieven die Glasscheiben	**de Huusdöör** die Haustür	**de Huusdören** die Haustüren
de Trepp die Treppe	**de Treppen** die Treppen	**de Regentunn** die Regentonne
de Goornweg der Gartenweg	**de Goornweeg** die Gartenwege	**de Goorntuun** der Gartenzaun
de Goornpoort die Gartenpforte	**de Heck** die Hecke	**de Hecken** die Hecken

Binnen in't Huus – Innen im Haus

Nu wüllt wi kieken, woans dat binnen utsüht.
Nun wollen wir sehen, wie es innen aussieht.

Dörch de Huusdöör kaamt wi in de Deel.
Durch die Haustür kommen wir in die Diele.

Uns Huus hett baben, ünnen un in'n Keller Rüüm.
Unser Haus hat oben, unten und im Keller Räume.

Vun de Deel geiht en Trepp na baben.
Von der Diele geht eine Treppe nach oben.

En anner Trepp bringt uns in den Keller.
Eine andere Treppe bringt uns in den Keller.

ü n n e n – u n t e n

Ünnen sünd Deel, Wahnstuuv, Kinnerstuuv un Köök.
Unten sind Diele, Wohnzimmer, Kinderzimmer und Küche.

Hier ünnen hoolt wi uns de mehrste Tiet up.
Hier unten halten wir uns die meiste Zeit auf.

b a b en – o b e n

Baben sünd dree Slaapstuven un en Baadstuuv.
Oben sind drei Schlafzimmer und ein Badezimmer.

Mien Swester un ik hebbt jeder en Slaapstuuv.
Meine Schwester und ich haben jeder ein Schlafzimmer.

Vadder un Modder hebbt de gröttste Slaapstuuv.
Vater und Mutter haben das größte Schlafzimmer.

To'n Nalesen: *Zum Nachlesen:*

de Huusdöör	**de Deel**	**de Floor**	**de Keller**
die Haustür	die Diele	der Flur	der Keller
de Trepp	**de Treppen**	**de Ruum**	**de Rüüm**
die Treppe	die Treppen	der Raum	die Räume
de Stuuv	**de Stuven**	**de Köök**	**de Kamer**
die Stube	die Stuben	die Küche	die Kammer
ünnen	**baben**	**binnen**	**buten**
unten	oben	drinnen	draußen

Böhn, Keller – Boden, Keller

Över en Trepp geiht dat na ganz baben to'n Böhn.
Über eine Treppe geht es nach ganz oben zum Boden.

Up'n Böhn staht Saken, de wi nich immer bruukt.
Auf dem Boden stehen Sachen, die wir nicht immer gebrauchen.

Enen groten Keller hebbt wi ok.
Einen großen Keller haben wir auch.

In'n Keller hebbt wi de Waschköök un de Bögelstuuv,
Im Keller haben wir die Waschküche und das Bügelzimmer,

neven de Waschköök den Dröögruum, den Ruum för
neben der Waschküche den Trockenraum, den Raum für

den Heizaven un en Spieskamer.
die Heizung und eine Speisekammer.

Vadder hett ünnen enen Ruum as Warkruum,
Vater hat unten einen Raum als Werkraum,

en Ruum is för dat Goornwarktüüg un de Fohrrööd.
ein Raum ist für das Gartenwerkzeug und die Fahrräder.

Vun'n Keller geiht en Döör in den Goorn.
Vom Keller geht eine Tür in den Garten.

To'n Nalesen: *Zum Nachlesen*:

de Waschköök die Waschküche	**de Bögelstuuv** die Bügelstube	**de Dröögruum** der Trockenraum
de Spieskamer die Speisekammer	**dat Fohrrad** das Fahrrad	**de Fohrrööd** die Fahrräder

de Saak die Sache	**de Saken** die Sachen	**de Goorn** der Garten	**de Warkruum** der Werkraum
de Trepp die Treppe	**de Treppen** die Treppen	**de Böhn** der Boden	**de Keller** der Keller
över über	**ganz** ganz	**geiht** geht	**gahn** gehen
vun'n vom / von dem	**to'n** zum / zu dem	**up'n** auf / auf dem	**bruukt** brauchen
staht steht	**stahen** stehen	**groot** groß	**grötter** größer
ünnen unten	**baben** oben	**neven** neben	**nich** nicht

Rüüm, Stuven – Räume, Zimmer

Fiete: „Wi kiekt uns nu de Rüüm an.
Friedrich: „Wir schauen uns nun die Räume an.

Toeerst gaht wi in de groot Wahnstuuv.
Zuerst gehen wir in das große Wohnzimmer.

In de Middel staht de grote Disch un söss Stöhl.
In der Mitte stehen der große Tisch und sechs Stühle.

Vör de rechte Wand hebbt wi dat Sofa un twee Sessel.
Vor der rechten Wand haben wir das Sofa und zwei Sessel.

An de linke Wand seht wi dat brede Schapp.
An der linken Wand sehen wir den breiten Schrank.

Wat seht wi noch in de Wahnstuuv?
Was sehen wir noch im Wohnzimmer?

Gardien, Biller, Radio, Fernkieker, Telefoon, Wandklock,
Gardinen, Bilder, Radio, Fernseher, Telefon, Wanduhr,

Blomen, Footbank, Deckenlamp, Wandlampen, Stahlamp.“
Blumen, Fußbank, Deckenlampe, Wandlampen, Stehlampe.“

To'n Nalesen: *Zum Nachlesen:*

de Stahlamp die Stehlampe	**de Stahlampen** die Stehlampen	**de Wandlamp** die Wandlampe	
de Middel die Mitte	**de Wahnstuuv** die Wohnstube	**de Disch** der Tisch	**de Dische** die Tische
de Stohl der Stuhl	**de Stöhl** die Stühle	**de Wand** die Wand	**de Wännen** die Wände
dat Sofa das Sofa	**de Sessel** der Sessel	**dat Schapp** der Schrank	**de Schapps** die Schränke
de Gardien die Gardine	**dat Bild** das Bild	**de Biller** die Bilder	**de Footbank** die Fußbank
de Bloom die Blume	**de Blomen** die Blumen	**dat Radio** das Radio	**de Fernkieker** der Fernseher
toeerst zuerst	**gaht / gahen** gehen	**noch** noch	**över** über
ünnen unten	**baben** oben	**groot** groß	**grote** große
links links	**linker Hand** links	**rechts** rechts	**rechter Hand** rechts
seht / seh'n sehen	**hebbt** haben	**hebben** haben	**ünner** unter

Ok in de Kinnerstuuv kiekt wi uns üm:
Auch im Kinderzimmer gucken wir uns um:

Vör dat Finster steiht de Kinnerschrievdisch.
Vor dem Fenster steht der Kinderschreibtisch.

In de Middel hebbt wi enen Kinnerdisch mit Stöhl.
In der Mitte haben wir einen Kindertisch mit Stühlen.

Wat hebbt wi noch? Dat Schapp, dat Bökerbord, dat Book,
Was haben wir noch? Den Schrank, das Bücherbord, das Buch,

de Böker, de Schoolsaken, de Speelsaken, de Iesenbahn,
die Bücher, die Schulsachen, die Spielsachen, die Eisenbahn,

de Bukassen, de Popp, de Poppen, de Poppenwagen,
den Baukasten, die Puppe, die Puppen, den Puppenwagen,

de Poppenstuuv, dat Speel, dat Möhlspeel, de Football.
die Puppenstube, das Spiel, das Mühlespiel, den Fußball.

Nu wüllt wi in de Köök kieken:
Nun wollen wir in die Küche gucken:

An de linke Wand hebbt wi de Inbuköök mit Köhl-
An der linken Wand haben wir die Einbauküche mit Kühl-

schapp, Arbeitsplatt, Elektroheerd, Geschirrspöler, Pott-
schrank, Arbeitsplatte, Elektroherd, Geschirrspüler, Topf-

schapp, Spööldisch, Töllerschapp un (Bestick-)Schuuflaad.
schrank, Spültisch, Tellerschrank und (Besteck-)Schublade.

An't Finster steiht de Eeteck mit Disch, Bank un Stöhl.
Am Fenster steht die Essecke mit Tisch, Bank und Stühlen.

An de linke Wand up en Schapp is de Mikrowell,
An der linken Wand auf einem Schrank ist die Mikrowelle,

de Kaffeemöhl, de Kaffeemaschien un de Eierkaker.
die Kaffeemühle, die Kaffeemaschine und der Eierkocher.

An de Wand hängt de Kökenklock un de Wandkalenner.
An der Wand hängen die Küchenuhr und der Wandkalender.

To'n Nalesen: *Zum Nachlesen:*

de Köök die Küche	**de Wand** die Wand	**de Wännen** die Wände	**de Inbuköök** die Einbauküche
de Disch der Tisch	**de Bank** die Bank	**de Stohl** der Stuhl	**de Stöhl** die Stühle

de Eeteck die Essecke	**dat Köhlschapp** der Kühlschrank	**de Schuuflaad** die Schublade
de Arbeitsplatt die Arbeitsplatte	**de Elektroheerd** der Elektroherd	**de Geschirrspöler** der Geschirrspüler
dat Pottschapp der Topfschrank	**de Spööldisch** der Spültisch	**dat Töllerschapp** der Tellerschrank
de Mikrowell die Mikrowelle	**de Kaffeemöhl** die Kaffeemühle	**de Kaffeemaschien** die Kaffeemaschine
de Eierkaker der Eierkocher	**de Kökenklock** die Küchenuhr	**de Wandkalenner** der Wandkalender

Wi gaht de Trepp na baben.
Wir gehen die Treppe nach oben.

Wi kiekt in de Slaapstuuv vun mien Öllern:
Wir schauen in das Schlafzimmer meiner Eltern:

Mien Öllern hebbt en groot Duppelbett. An jeedeen
Meine Eltern haben ein großes Doppelbett. An jedem

Koppenn steiht en Nachtdisch mit en Nachtdischlamp.
Kopfende steht ein Nachttisch mit einer Nachttischlampe.

Dat groot Klederschapp hett veer Dören mit'n Spegel.
Der große Kleiderschrank hat vier Türen mit einem Spiegel.

Wat findt wi noch? Betttüüg, Todeck, Koppküssen,
Was finden wir noch? Bettzeug, Zudecke, Kopfkissen,

Wulldeek, Nachttüüg, Bettvörlegger, Klederstänner.
Wolldecke, Nachtzeug, Bettvorleger, Kleiderständer.

To'n Nalesen: Zum Nachlesen:

de Trepp die Treppe	**de Slaapstuuv** das Schlafzimmer	**dat (Duppel-)Bett** das (Doppel-)Bett
dat Koppenn das Kopfende	**de Nachtdisch** der Nachttisch	**de Nachtdischlamp** die Nachttischlampe
dat Nachttüüg das Nachtzeug	**dat Klederschapp** der Kleiderschrank	**dat (Kopp-)Küssen** das (Kopf-)Kissen
de Spegel der Spiegel	**dat Betttüüg** das Bettzeug	**de Wulldeek** die Wolldecke

Nu gaht wi ok noch in de Baadstuuv.
Nun gehen wir auch noch in das Badezimmer.

An de rechte Siet fallt uns gliek de grote Baadwann up.
An der rechten Seite fällt uns gleich die große Badewanne auf.

Linker Hand hebbt wi den Waschdisch un de Bruus.
Links haben wir das Waschbecken und die Dusche.

All dree hebbt Hahns för koolt un warm Water.
Alle drei haben Hähne für kaltes und warmes Wasser.

Wat gifft dat noch in de Baadstuuv? Enen Spegel,
Was gibt es noch im Badezimmer? Einen Spiegel,

en Schapp för Handdöker un Sepenkraam, Handdöker,
einen Schrank für Handtücher und Seifensachen, Handtücher,

Baaddook, Handdookholler, Tähnputzbeker, Tähnböss,
Badetuch, Handtuchhalter, Zahnputzbecher, Zahnbürste,

Seep, Sepenschöttel, Waschlappen, Kamm, Hoorböss,
Seife, Seifenschüssel, Waschlappen, Kamm, Haarbürste,

Handspegel, Klederhaken, Baadmantel, Toilett.
Handspiegel, Kleiderhaken, Bademantel, Toilette.

To'n Nalesen: *Zum Nachlesen:*

de Baadstuuv das Badezimmer	**de Baadwann** die Badewanne	**de Waschdisch** das Waschbecken
de Hahn der Hahn	**de Hahns** die Hähne	**dat koolt Water** das kalte Wasser
dat Handdook das Handtuch	**de Bruus** die Dusche	**dat warm Water** das warme Wasser
de Spegel der Spiegel	**dat Schapp** der Schrank	**de Handdöker** die Handtücher
de Tähnböss die Zahnbürste	**de Hoorböss** die Haarbürste	**dat Handdook** das Handtuch
de Seep die Seife	**dat Baaddook** das Badetuch	**de Kamm** der Kamm
de Kämm die Kämme	**de Waschlappen** der Waschlappen	**de Handspegel** der Handspiegel
de Kledderhaken der Kleiderhaken	**de Baadmantel** der Bademantel	**de Toilett** die Toilette

School – Schule

Fiete vertellt vun de School: „Ik gah in de 3. Klass.
Friedrich erzählt von der Schule: „Ich gehe in die 3. Klasse.

In uns Klass sünd wi tein Deerns un twölf Jungs.
In unserer Klasse sind wir zehn Mädchen und zwölf Jungen.

Wi hebbt en Fru as Schoolmeistersche.
Wir haben eine Frau als Klassenlehrerin.

Se lehrt uns dat Reken, dat Lesen un Schrieven.
Sie lehrt uns das Rechnen, das Lesen und Schreiben.

Turnen un Sport hebbt wi bi enen Schoolmeister.
Turnen und Sport haben wir bei einem Lehrer.

In de Sommertiet gaht wi up den Sportplatz.
In der Sommerzeit gehen wir auf den Sportplatz.

Winterdaags sünd wi in de Turnhall.
Wintertags sind wir in der Turnhalle.

Ik gah gern in de School, un dat Lehren maakt mi Spaaß.“
Ich gehe gern zur Schule, und das Lernen macht mir Spaß.“

Fiete: „Jeedereen sull weten, man lehrt nich för de Lehrers oder för de School, sünnern man lehrt blot för sik sülven. Dat warrt vele Schöler leider veel to laat wies .“
Friedrich: „Jeder sollte wissen, man lernt nicht für die Lehrer oder für die Schule, sondern man lernt nur für sich selbst. Das erkennen viele Schüler leider viel zu spät.“

Mien Swester Lene geiht noch nicht to School.
Meine Schwester Helene geht noch nicht zur Schule.

Lene kümmt eerst tokamen Johr in de School.
Helene kommt erst nächstes Jahr in die Schule.

Se geiht in den Kinnergoorden. Dor gefallt ehr dat goot.
Sie geht in den Kindergarten. Da gefällt es ihr gut.

Lene freut sik al, dat se bald in de School kümmt.
Helene freut sich schon, dass sie bald in die Schule kommt.

To'n Nalesen: *Zum Nachlesen:*

de School die Schule	**de Scholen** die Schulen	**de Klass** die Klasse	**de Klassen** die Klassen
dat Lesen das Lesen	**dat Schrieven** das Schreiben	**dat Reken** das Rechnen	**dat Turnen** das Turnen
vertellt erzählt	**vertellen** erzählen	**torecht** zurecht	**streng** streng
tokamen nächstes	**weten** wissen	**laat** spät	**later** später
de Sport der Sport	**de Turnhall** die Turnhalle	**de Sommertiet** die Sommerzeit	

de Winterdaag die Wintertage	**de Schoolmeister** der Lehrer	**de Schoolmeistersche** die Lehrerin
	de Kinnergoorden der Kindergarten	

Wat gifft dat allens för Scholen?
Was gibt es alles für Schulen?

de School die Schule	**de Grundschool** die Grundschule	**de Hauptschool** die Hauptschule
de Gesamtschool die Gesamtschule	**de Realschool** die Realschule	**de hoge School** das Gymnasium
de Hoochschool die Universität	**de Fachschool** die Fachschule	**de Privaatschool** die Privatschule
de Musikschool die Musikschule	**de Sünnerschool** die Sonderschule	**de Avendschool** die Abendschule
de Volkshoochschool die Volkshochschule	**de Beroopschool** die Berufsschule	**de Gewarfschool** die Gewerbeschule
de Fohrschool die Fahrschule		

Wat hört allens to School?
Was gehört alles zur Schule?

dat Schoolhuus das Schulhaus	**de Schoolruum** der Schulraum	**de Schoolklass** die Schulklasse
de Schoolhoff der Schulhof	**de Schoolweg** der Schulweg	**de Schoolbus** der Schulbus

Wat sünst noch mit de School to doon hett:
Was sonst noch mit der Schule zu tun hat:

de Schoolstunn die Schulstunde	**de Schooldag** der Schultag	**dat Schooljohr** das Schuljahr
de Schoolarbeiden die Schularbeiten	**de Schooltiet** die Schulzeit	**de Schooltüügnisse** die Schulzeugnisse

Welk Lüüd hebbt mit de School to doon?
Welche Leute haben mit der Schule zu tun?

dat Schoolkind das Schulkind	**de Schölerin** die Schülerin	**de Schöler** der Schüler
de Schoolmeister der Lehrer	**de Schoolrektor** der Schulrektor	**de Schoolmeistersche** die Lehrerin
de Schoolfründin die Schulfreundin	**de Schoolfründ** der Schulfreund	**de Huusmeister** der Hausmeister

Dat gifft ok Saken in de School, de mi nich na de Mütz sind.
Es gib auch Sachen in der Schule, die mir nicht gefallen.

Dor hebbt wi dat Nasitten, de dummerhaftigen Straafarbeiden un de Schooltüügnisse. Dat sünd Saken, de slaat mi up den Maag. Ik glööv, mit de Schooltüügnisse hebbt sik de Schoolmeisters woll nix Godes utdacht.
Da haben wir das Nachsitzen, die dummen Strafarbeiten und die Schulzeugnisse. Das sind Sachen, die schlagen mir auf den Magen. Ich glaube, mit den Schulzeugnissen haben sich die Lehrer wohl nichts Gutes ausgedacht.

Wat man in de School un för de School bruken deiht.
Was man in der Schule und für die Schule benötigt.

Feddertasch

Federtasche

Schooltasch

Schultasche

Taschenrekner

Taschenrechner

Bliesticken

Bleistift

Kugelschriever

Kugelschreiber

Filzschriever

Filzschreiber

Ik bruuk noch veel mehr Saken, en poor will ik
Ich gebrauche noch viel mehr Sachen, ein paar will ich
mal uptellen:
mal aufzählen:

de Feddertasch die Federtasche	**den Anspitzer** den Anspitzer	**den Zirkel/Passer** den Zirkel
den Fedderholler den Federhalter	**de Dint(e)** die Tinte	**de Buntstickens** die Buntstifte
den Locher den Locher	**den Tekenblock** den Zeichenblock	**den Tuschkassen** den Tuschkasten

Ok enen ganzen Barg Böker un Heften mütt ik hebben:
Auch eine ganze Reihe Bücher und Hefte muss ich haben :

Book	**Ringbook**	**Heft**
Buch	Ringbuch	Heft

dat Leesbook das Lesebuch	**dat Ringbook** das Ringbuch	**dat Heft** das Heft
dat Rekenbook das Rechenbuch	**de Ringbookblääd** die Ringbuchblätter	**dat Schrievheft** das Schreibheft
dat Spraakbook das Sprachbuch	**den Schnellhefter** den Schnellhefter	**dat Rekenheft** das Rechenheft
dat Lederbook das Liederbuch	**de Löschblääd** die Löschblätter	**dat Diktatheft** das Diktatheft
dat Wöörbook das Wörterbuch	**de Linienblääd** die Linienblätter	**dat Notenheft** das Notenheft
dat Gesangbook das Gesangbuch	**den Atlas** den Atlas	**dat Upgavenheft** das Aufgabenheft

Tallen un tellen
Zahlen und zählen

Wi wüllt uns nu mit Tallen befaten.
Wir wollen uns nun mit Zahlen befassen.

„Wi hebbt al mit Tallen to doon hatt“, meen Lene to ehren Broder. „Ik weet“, anter Fiete, „dat weer bi den Stremel ‚Personen un Lüüd‘.“
„Wir haben schon mit Zahlen zu tun gehabt“, meinte Helene zu ihrem Bruder. „Ich weiß“, antwortet Friedrich, „das war in dem Abschnitt ‚Personen und Leute‘.“

Dor güng dat vun 1 bit 4, de neegst Tall weer to raden.
Da ging es von 1 bis 4, die nächste Zahl war zu raten.

een twee dree veer, to raden weer fief.
1 2 3 4 5
eins zwei drei vier, zu raten war fünf.

Lene: „Ik much geern noch mehr Tallen lehren.“
Helene: „Ich möchte gerne noch mehr Zahlen lernen.“

Wi tellt: Wir zählen:

een	**twee**	**dree**	**veer**	**fief**	**söss**	**söven**	**acht**	**negen**	**tein**
1	**2**	**3**	**4**	**5**	**6**	**7**	**8**	**9**	**10**
eins	zwei	drei	vier	fünf	sechs	sieben	acht	neun	zehn

ölven	**twölf**	**dörtein**	**veertein**	**föftein**	**sösstein**
11	**12**	**13**	**14**	**15**	**16**
elf	zwölf	dreizehn	vierzehn	fünfzehn	sechzehn

söventeihn	**achteihn**	**negenteihn**	**twintig**
17	**18**	**19**	**20**
siebzehn	achtzehn	neunzehn	zwanzig

Poor Riemels mit Tallen : Ein paar Reime mit Zahlen :

een, twee, dree – de Katt de löppt in'n Snee.
eins, zwei, drei – die Katze läuft im Schnee.

veer, fief, söss – na 't Eten gifft dat Döst.
vier, fünf, sechs – nach dem Essen gibt es Durst.

söven, acht, negen – na Sünnenschien kümmt Regen.
sieben, acht, neun – nach Sonnenschein kommt Regen.

tein, ölven, twölf – na ölven dor kümmt de twölf.
zehn, elf, zwölf – nach elf da kommt die zwölf.

dörtein, veertein, föftein – de Wind warrt sik dreih'n.
dreizehn, vierzehn, fünfzehn – der Wind wird sich drehen.

sösstein, söbentein, achtein – Regen maakt de Straten rein.
sechzehn, siebzehn, achtzehn – Regen macht die Straßen rein.

negentein, twintig – ok tweemal tein sünd twintig.
neunzehn, zwanzig – auch zweimal zehn sind zwanzig.

Dat Tellen vun een bit twintig hebbt wi achter uns.
Das Zählen von eins bis zwanzig haben wir hinter uns.

Nu wüllt wi uns ok an de annern Tallen wagen.
Nun wollen wir uns auch an die anderen Zahlen wagen.

Dat is gor nich so swoor, as dat toeerst utsüht.
Das ist gar nicht so schwer, wie es zunächst aussieht.

Wi fangt an mit twintig un tellt ümmer een dorto:
Wir fangen an mit zwanzig und zählen immer eins dazu:

20 – twintig
zwanzig
21 – eenuntwintig
einundzwanzig
22 – tweeuntwintig
zweiundzwanzig
23 – dreeuntwintig
dreiundzwanzig
24 – veeruntwintig
vierundzwanzig
25 – fiefuntwintig
fünfundzwanzig
26 – sössuntwintig
sechsundzwanzig
27 – sövenuntwintig
siebenundzwanzig
28 – achtuntwintig
achtundzwanzig
29 – negenuntwintig
neunundzwanzig

Bi dörtig un mehr geiht dat genauso wieder as bi
Bei dreißig und mehr geht es ebenso weiter wie bei
twintig, ümmer een dorto tellen.
zwanzig, immer eins dazuzählen.

30 – dörtig
dreißig
31 – eenundörtig
einunddreißig
32 – tweeundörtig
zweiunddreißig
33 – dreeundörtig
dreiunddreißig
34 – veerundörtig
vierunddreißig
40 – veertig
vierzig
45 – fiefunveertig
fünfundvierzig
50 – föftig
fünfzig
56 – sössunföftig
sechsundfünfzig

60 – sösstig
sechzig
67 – sövenunsösstig
siebenundsechzig
70 – söventig
siebzig
78 – achtundsöventig
achtundsiebzig
80 – achtig
achtzig
89 – negenunachtig
neunundachtzig
90 – negentig
neunzig
99 – negenunnegentig
neunundneunzig
100 – hunnert
hundert

Nu sünd wi intwüschen al bi hunnert anlangt.
Nun sind wir inzwischen schon bei hundert angelangt.

Nu geiht dat wedder vun vörn los.
Nun geht es wieder von vorne los.

Blot de Hunnerten sünd jeedeenmal anners.
Nur die Hunderter sind jedesmal anders.

100 – eenhunnert
einhundert
101 – eenhunnerteen
einhunderteins
105 – eenhunnertfief
einhundertfünf
108 – eenhunnertacht
einhundertacht
110 – eenhunnerttein
einhundertzehn
112 – eenhunnerttwölf
einhundertzwölf
130 – eenhunnertdörtig
einhundertdreißig
203 – tweehunnertdree
zweihundertdrei
300 – dreehunnert
dreihundert
304 – dreehunnertveer
dreihundertvier
420 – veerhunnerttwintig
vierhundertzwanzig
531 – fiefhunnerteenundörtig
fünfhunderteinunddreißig
642 – sösshunnerttweeunveertig
sechshundertzweiundvierzig
708 – sövenhunnertacht
siebenhundertacht
888 – achthunnertachtunachtig
achthundertachtundachtzig
900 – negenhunnert
neunhundert
911 – negenhunnertölven
neunhundertelf
999 – negenhunnertnegenunnegentig
neunhundertneunundneunzig
1995 – negenteihnhunnertfiefunnegentig
neunzehnhundertfünfundneunzig
2005 – tweedusendfief
zweitausendfünf

In uns Leven sünd de Tallen en heel wichtige Saak.
In unserm Leben sind die Zahlen eine sehr wichtige Sache.

Man kann so allerhand dormit anstellen.
Man kann so allerhand damit anstellen.

Wi köönt dormit aftellen, tosamentellen un aftrecken.
Wir können damit abzählen, zusammenzählen und abziehen.

Ok lött sik dormit maalnehmen un ok delen.
Auch lässt sich damit malnehmen und auch teilen.

Aftellen: Een, twee, dree, veer, fief, söss …
Abzählen: Eins, zwei, drei, vier, fünf, sechs …

Tosamentellen: Dree un negen sünd twölf.
Zusammenzählen: Drei und neun sind zwölf.

Aftrecken: Söventein weniger dree gifft veertein.
Abziehen: Siebzehn weniger drei gibt vierzehn.

Maalnehmen: Dreemaal negen sünd sövenuntwintig.
Malnehmen: Dreimal neun sind siebenundzwanzig.

Delen: Achtunveertig dörch acht gifft söss.
Teilen: Achtundvierzig durch acht gibt sechs.

Nu hebbt wi uns lang noog mit de Tallen afgeven.
Nun haben wir uns lange genug mit den Zahlen beschäftigt.

För en Saak aver sünd de Tallen besonners wichtig, bi
Für eine Sache aber sind die Zahlen besonders wichtig, bei
de Klock un de Klockentieden.
der Uhr und den Uhrzeiten.

Klock un Klockentieden
Uhr und Uhrzeiten

Hurra! Grootmudder hett mi ene Armbandklock schenkt,
Hurra! Großmutter hat mir eine Armbanduhr geschenkt,

ene schöne blanke Klock mit Ledderarmband.
eine schöne blanke Uhr mit Lederarmband.

Ik freu mi bannig, ik bün ganz stolt.
Ich freue mich sehr, ich bin ganz stolz.

Lang heff ik mi de Klock al wünscht.
Lange habe ich mir die Uhr schon gewünscht.

Mien Frünnen in de School warrt sik wunnern.
Meine Freunde in der Schule werden sich wundern.

Kloor, nu will ik ok de Klockentieden lehren.
Klar, nun will ich auch die Uhrzeiten lernen.

Ik fraag Vadder, ob he mi de Klockentieden bibringt.
Ich frage Vater, ob er mir die Uhrzeiten beibringt.

De Klock – Die Uhr

Vörweg en beten wat över de Klock.
Vorweg etwas über die Uhr.

De Klock wiest uns de Dagestieden.
Die Uhr zeigt uns die Tageszeiten.

Dat maakt se mit Wieser un Tallen.
Das macht sie mit Zeiger und Zahlen.

Mit twee Wieser un Tallen vun een (1) bit twölf (12)
Mit zwei Zeigern und Zahlen von eins (1) bis zwölf (12)

Ohn Paus dreiht sik de Wieser över de Tallen.
Ohne Pause drehen sich die Zeiger über die Zahlen.

De lütte Wieser wiest dorbi de Stunnen.
Der kleine Zeiger zeigt dabei die Stunden.

För dat Wiesen vun de Minuten is de grote Wieser.
Für das Zeigen der Minuten ist der große Zeiger.

De vullen Stunnen laat sik licht aflesen.
Die vollen Stunden lassen sich leicht ablesen.

Ok bi de Halven- un Viddelstunnen is dat nich swoor.
Auch bei den Halben- und Viertelstunden ist es nicht schwer.

Woans dat geiht, seht wi nu.
Wie das geht, sehen wir nun.

Klockentieden – Uhrzeiten

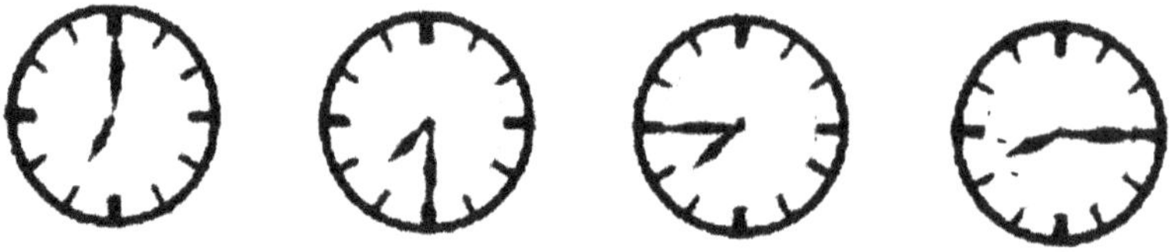

vulle Stunn	**halve Stunn**	**viddel Stunn vör**	**viddel Stunn na**
volle Stunde	halbe Stunde	viertel Stunde vor	viertel Stunde nach
(**Klock söven**)	(**half acht**)	(**viddel vör acht**)	(**viddel na acht**)
(sieben Uhr)	(halb acht)	(viertel vor acht)	(viertel nach acht)

Dat weren wichtige Klockentieden, **de vulle un de halve Stunn**, **viddel vör un viddel na.**
Das waren wichtige Uhrzeiten, die volle und die halbe Stunde, viertel vor und viertel nach.

Aver wi hebbt up de Klock ok noch de Minuten.
Aber wir haben auf der Uhr auch noch die Minuten.

60 Minuten hett en Stunn. Dormit wüllt wi uns nu befaten.
60 Minuten hat eine Stunde. Damit wollen wir uns nun befassen.

Wat seggt uns de Minuten? Se seggt uns, wo wi in de
Was sagen uns die Minuten? Sie sagen uns, wo wir uns in der
Stunn togang sünd un wo veel al vun en Stunn vörbi is.
Stunde befinden und wie viel schon von einer Stunde vorbei ist.

Hierto sünd de Minuten vun en Stunn in veer Stremels
Hierzu sind die Minuten von einer Stunde in vier Abschnitte
updeelt.
aufgeteilt.

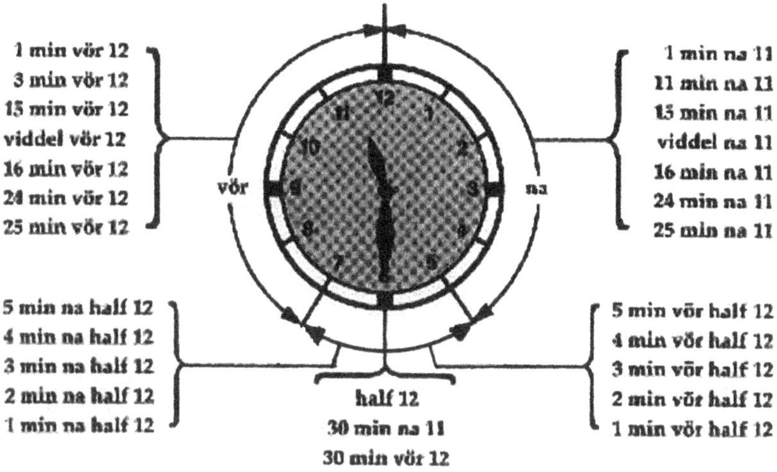

vun 1 Minuut bit 25 Minuten seggt man na (11)
von 1 Minute bis 25 Minuten sagt man nach (11)

bi 15 Minuten na heet dat ok viddel na (11)
bei 15 Minuten nach heißt es auch viertel nach (11)

vun 5 Minuten bit 1 Minuut heet dat vör half (12)
von 5 Minuten bis 1 Minute heißt es vor halb (12)

bi 30 Minuten seggt man half (12)
bei 30 Minuten sagt man halb (12)

vun 1 Minuut bit 5 Minuten heet dat na half (12)
von 1 Minute bis 5 Minuten heißt es nach halb (12)

af 25 Minuten bit 1 Minuut seggt man vör (12)
ab 25 Minuten bis 1 Minute sagt man vor (12)

bi 15 Minuten vör seggt man ok viddel vör (12)
bei 15 Minuten vor sagt man auch viertel vor (12)

De Klock wiest 12 Stunnen. De Dag hett aver 24 Stunnen.
Die Uhr zeigt 12 Stunden. Der Tag hat aber 24 Stunden.

De Stunnenwieser maakt darüm tweemaal de Runn över
Der Stundenzeiger macht darum zweimal die Runde über
de Klock, üm de 24 Stunnen antozeigen.
die Uhr, um die 24 Stunden anzuzeigen.

Dormit dat keen Verwesseln twüschen Dag un Nacht
Damit es kein Verwechseln zwischen Tag und Nacht
gifft, mütt dat egentlich heten:
gibt, müsste es eigentlich heißen:

morgens	**Klock (7)**	**avends Klock (7)**	
morgens	(7) Uhr	abends (7)	Uhr
vörmeddags	**Klock (9)**	**avends Klock**	**(9)**
vormittags	(9) Uhr	abends (9)	Uhr
nameddags	**Klock (3)**	**nachts Klock**	**(3)**
nachmittags	(3) Uhr	nachts (3)	Uhr

Digitalklock – Digitaluhr

Bi de niemoodschen Digitalklocken is dat anners.
Bei den modernen Digitaluhren ist es anders.

De zeigt mit Tallen naeenanner all 24 Stunnen an.
Die zeigen mit Zahlen nacheinander alle 24 Stunden an.

Dat is besünners vun Vördeel bi de Affohrts- un
Das ist besonders von Vorteil bei den Abfahrts- und
Ankamentieden bi de Fohrplaans.
Ankunftszeiten bei den Fahrplänen.

To'n Nalesen: *Zum Nachlesen :*

de Klock die Uhr	**de Klocken** die Uhren	**de Tiet** die Zeit	**de Tieden** die Zeiten
de Tall die Zahl	**de Tallen** die Zahlen	**de Wieser** der Zeiger	**de Wiesers** die Zeiger
de Stunn die Stunde	**de Stunnen** die Stunden	**de Minuut** die Minute	**de Minuten** die Minuten
de Vördeel der Vorteil	**de Affohrt** die Abfahrt	**de Fohrplaan** der Fahrplan	**de Fohrplaans** die Fahrpläne
de Stremel der Abschnitt	**de Stremels** die Abschnitte	**dat Armband** das Armband	**de Digitalklock** die Digitaluhr
anners anders	**twüschen** zwischen	**tweemal** zweimal	**naeenanner** nacheinander
mütt muss	**heten** heißen	**besünners** besonders	**antozeigen** anzuzeigen
schenken schenken	**schenkt** geschenkt	**vörweg** vorweg	**bibringt** beibringt
darüm darum	**nich** nicht	**verwesseln** verwechseln	**niemoodsch** neumodisch
dreiht dreht	**vull** voll	**half** halb	**viddel** viertel

Daag – Tage

En Dag deelt sik up in Dages- un in Nachttiet.
Ein Tag teilt sich auf in Tages- und in Nachtzeit.

Dorüm seggt man ok: „An'n Dag un in de Nacht."
Darum sagt man auch: „Am Tag und in der Nacht."

Wi kann dat anners sien, ok de Daag hebbt ehre Naams.
Wie kann es anders sein, auch die Tage haben ihre Namen.

Maandag Montag	**Dingsdag** Dienstag	**Mittweek / Middeweek** Mittwoch	
Dunnersdag Donnerstag	**Friedag** Freitag	**Sünnavend** Sonnabend	**Sünndag** Sonntag

Dat gifft ok noch enen Barg anner Daag.
Es gibt auch noch eine Menge andere Tage.

Wi tellt ene Reeg dorvun up:
Wir zählen eine Reihe davon auf:

Wekendag Wochentag	**Alldag** Alltag	**Arbeitsdag** Arbeitstag	**Fierdag** Feiertag
Fröhjohrsdag Frühjahrstag	**Sommerdag** Sommertag	**Harvstdag** Herbsttag	**Winterdag** Wintertag
Niejohrsdag Neujahrstag	**Oosterdag** Ostertag	**Pingstdag** Pfingsttag	**Wiehnachtsdag** Weihnachtstag
Modderdag Muttertag	**Vadderdag** Vatertag	**Festdag** Festtag	**Truerdag** Trauertag

Dagestieden –Tageszeiten

Fröher harrn de Lüüd noch kene Klocken. Se weren vun't Dageslicht afhängig. Se hebbt de Daag dorna indeelt.
Früher hatten die Leute noch keine Uhren. Sie waren vom Tageslicht abhängig. Sie haben die Tage danach eingeteilt.

Se güngen avends, wenn't düüster weer, mit de Höhner to Bett. Se stünnen morgens, wenn't hell weer, mit de Höhner wedder up.
Sie gingen abends, wenn es dunkel war, mit den Hühnern zu Bett. Sie standen morgens, wenn's hell war, mit den Hühnern wieder auf.

De Tieden vun'n Dag – Die Zeiten des Tages

Morgentiet	**Vörmeddagstiet**	**Meddagstiet**	**Nameddagstiet**
Morgenzeit	Vormittagszeit	Mittagszeit	Nachmittagszeit
Dagestiet	**Avendtiet**	**Nachttiet**	**Nachtslapentiet**
Tageszeit	Abendzeit	Nachtzeit	Nachtzeit

morgen	**övermorgen**	**gistern**	**vörgistern**	**vundag**
morgen	übermorgen	gestern	vorgestern	heute
dääglich	**daagsöver**	**laat**	**laterhen**	**fröh**
täglich	tagsüber	spät	späterhin	früh

Morgen	**Vörmeddag**	**Meddag**	**Nameddag**	**Avend**	**Nacht**
Morgen	Vormittag	Mittag	Nachmittag	Abend	Nacht
morgens	**vörmeddags**	**meddags**	**nameddags**	**avends**	**nachts**
morgens	vormittags	mittags	nachmittags	abends	nachts

Weken – Wochen

Över de Weken gifft dat nich allto veel to seggen.
Über die Wochen gibt es nicht allzuviel zu sagen.

Wi weet, dat wi in't Johr 52 und im Monat 4 bit 4¹/₂
Wir wissen, dass wir im Jahr 52 und im Monat 4 bis 4¹/₂
Weken hebbt.
Wochen haben.

De Week hett söben Daag. Se fangt mit Maandag an.
Die Woche hat sieben Tage. Sie fängt mit Montag an.

Se slütt mit den Sünndag af.
Sie schließt mit dem Sonntag ab.

Wekennaams – Wochennamen

Week Woche · **Weken** Wochen · **Vörweek** Vorwoche · **Festweek** Festwoche · **Arbeitsweek** Arbeitswoche

Harvstweek Herbstwoche · **Winterweek** Winterwoche · **Sommerweek** Sommerwoche · **Fröhjohrsweek** Frühjahrswoche

Oosterweek Osterwoche · **Pingstweek** Pfingstwoche · **Niejohrsweek** Neujahrswoche · **Wiehnachtsweek** Weihnachtswoche

Wienweek – Weinwoche

Weken loopt teemlich snell, nich umsünst heet dat:
Wochen laufen ziemlich schnell, nicht umsonst heißt es:

Ehr man sik versüht, is de Week al wedder rüm.
Bevor man sich versieht, ist die Woche schon wieder herum.

Maanden – Monate

Ok de Maanden sünd updeelt.
Auch die Monate sind aufgeteilt.

Se hebbt 4 bit 4½ Weken un 28 bit 31 Daag.
Sie haben 4 bis 4½ Wochen und 28 bis 31 Tage.

De Maanden hebbt ok Naams. In vele Naams spegelt
Die Monate haben auch Namen. In vielen Namen spiegelt
sik de Tostand vun de Natur un ok dat Weder wedder:
sich der Zustand der Natur und auch das Wetter wieder:

Sneemaand Januar	**Hornung** Februar	**Lentenmaand** März
Oostermaand April	**Maimaand** Mai	**Braakmaand** Juni
Heumaand Juli	**Oornmaand** August	**Harvstmaand** September
Wienmaand Oktober	**Nevelmaand** November	**Wintermaand** Dezember

To'n Nalesen: *Zum Nachlesen:*

de Maand der Monat	**de Maanden** die Monate	**de Naam** der Name	**de Naams** die Namen
de Tostand der Zustand	**dat Weder** das Wetter	**spegelt** spiegelt	**updeelt** aufgeteilt

Johr – Jahr

En Johr hett so allerhand to beden:
Ein Jahr hat so allerhand zu bieten:

Dor hebbt wi eenmal de veer Johrestieden:
Da haben wir einmal die vier Jahreszeiten:

Fröhjohr	**Sommer**	**Harvst**	**Winter**
Frühjahr	Sommer	Herbst	Winter
Fröhjohrstiet	**Sommertiet**	**Harvsttiet**	**Wintertiet**
Frühjahrszeit	Sommerzeit	Herbstzeit	Winterzeit

Ok hett dat Johr 12 Maanden, 52 Weken un 365 Daag.
Auch hat das Jahr 12 Monate, 52 Wochen und 365 Tage.

Jeedeen veertes Johr hebbt wi en Schaltjohr.
Jedes vierte Jahr haben wir ein Schaltjahr.

Dat hett nich blot 365 Daag, sünnern 366 Daag.
Das hat nicht nur 365 Tage, sondern 366 Tage.

De Dag, de hentokümmt, is de 29. Februar.
Der Tag, der hinzukommt, ist der 29. Februar.

Wat gifft dat noch vun't Johr to seggen?
Was gibt es noch vom Jahr zu sagen?

Niejohr	**Ooltjohr**	**Vörjohr**	**Sünnenjohr**	**Regenjohr**
Neujahr	Altjahr	Vorjahr	Sonnenjahr	Regenjahr

Viddeljohr	**Halfjohr**	**Dreeviddeljohr**
Vierteljahr	Halbjahr	Dreivierteljahr

To'n Nalesen: *Zum Nachlesen:*

de Dag der Tag	**de Daag** die Tage	**dat Johr** das Jahr	**de Johren** die Jahre
de Week die Woche	**de Weken** die Wochen	**de Maand** der Monat	**de Maanden** die Monate
Oostern Ostern	**Pingsten** Pfingsten	**Wiehnachten** Weihnachten	**Niejohr** Neujahr
de Harvst der Herbst	**de Winter** der Winter	**de Sommer** der Sommer	**dat Fröhjohr** das Frühjahr
dat Niejohr das Neujahr	**dat Ooltjohr** das Altjahr	**dat Vörjohr** das Vorjahr	**dat Halfjohr** das Halbjahr

de Harvsttiet die Herbstzeit	**de Wintertiet** die Winterzeit	**de Sommertiet** die Sommerzeit
	de Fröhjohrstiet die Frühjahrszeit	
de Johrestiet die Jahreszeit	**dat Regenjohr** das Regenjahr	**dat Sünnenjohr** das Sonnenjahr

Kalenner – Kalender

Dormit wi weet, wo wi in't Johr togang sünd, un wi nich mit de Maanden, Weken un Dagen dörcheenanner kaamt, hebbt wi Kalenners.
Damit wir wissen, wo wir uns im Jahr befinden, und wir nicht mit den Monaten, Wochen und Tagen durcheinander kommen, haben wir Kalender.

Dorvun gifft dat enen ganzen Barg:
Davon gibt es eine ganze Menge:

Dages-,	**Weeken-,**	**Maand-,**	**Johreskalenner,**
Tages-,	Wochen-,	Monats-,	Jahreskalender,
Afriet-,	**Anschriev-,**	**Termin-,**	**Heimatkalenner.**
Abreiß-,	Notiz-,	Termin-,	Heimatkalender.

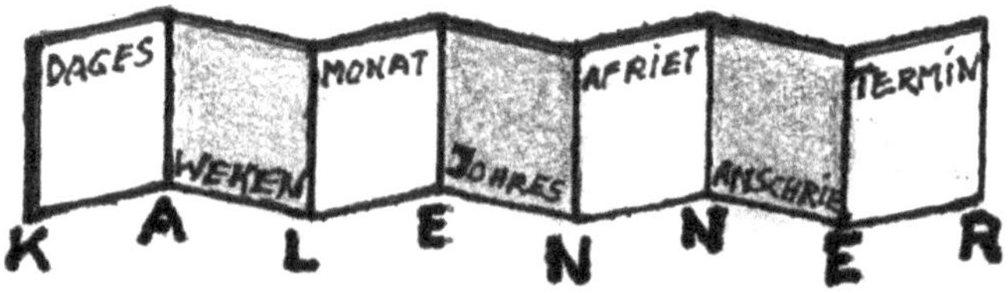

De Tiet – die Zeit

Tiet speelt in't Leven vun de Minschen en ganz wichtige Rull. Se is dat wertvullste Goot, wat de Minsch hett un besitten deiht. Allens, wat an Haav un Goot verloren geiht, lett sik ennerwegens ersetten. De Tiet aver, de vergah'n is, kann keeneen sik trüchhalen oder ersetten. Se is en vör alle Mal vörbi, aflopen un verloren. Dorum sull jeedereen sien knappe Tiet richtig indelen, nütten un geneten.

Zeit spielt im Leben der Menschen eine ganz wichtige Rolle. Sie ist das wertvollste Gut, das der Mensch hat und besitzt. Alles, was an Hab und Gut verloren geht, lässt sich irgendwie ersetzen. Die Zeit aber, die vergangen ist, kann sich niemand zurückholen oder ersetzen. Sie ist ein für alle Mal vorbei, abgelaufen und verloren. Darum sollte jeder seine knappe Zeit richtig einteilen, nützen und genießen.

En poor Redensoorten un Sprickwöör:
Ein paar Redensarten und Sprichwörter:

De längsten Daag sünd kort vör den Ersten.
Die längsten Tage sind kurz vor dem Ersten.

De längsten Stunnen sünd kort vör Fieravend.
Die längsten Stunden sind kurz vor Feierabend.

De best Avend is de Fieravend.
Der beste Abend ist der Feierabend.

Friedagsweder wiest dat Sünndagsweder.
Freitagswetter zeigt das Sonntagswetter.

Kümmt Tiet, kümmt Raat.
Kommt Zeit, kommt Rat.

Welkeen sik dat Johr richtig indeelt, de kann 365 Daag
Wer sich das Jahr richtig einteilt, der kann 365 Tage
Freud doran hebben.
Freude daran haben.

Wenn de besten Johren vörbi sünd, denn süllt de goden kamen.
Wenn die besten Jahre vorbei sind, dann sollen die guten kommen.

De Tiet vergeiht as de Snee in de Sünn.
Die Zeit vergeht wie der Schnee in der Sonne.

De nix to doon hett, den geiht de Tiet langsam vorbi.
Der nichts zu tun hat, dem geht die Zeit langsam vorbei.

De veel Arbeit hett, den rönnt de Tiet dorvun.
Der viel Arbeit hat, dem rennt die Zeit davon.

De sik vundag freuen kann, de sull dat nich bit morgen
Der sich heute freuen kann, der sollte es nicht bis morgen
upschuven.
aufschieben.

Morgenstunn hett Gold in'n Mund.
Morgenstunde hat Gold im Mund.

Beter to fröh as to laat.
Besser zu früh als zu spät.

Kinner un Klocken, de sall man nich ümmer updreihen,
Kinder und Uhren, die soll man nicht immer aufdrehen,
de sall man lopen laten.
die soll man laufen lassen.

Geld – Geld

Wi hebbt sehn, wat man mit Tallen allens maken kann.
Wir haben gesehen, was man mit Zahlen alles machen kann.

Wi kööont uns dorüm nu ok mit uns Geld befaten.
Wir können uns darum nun auch mit unserem Geld befassen.

Woför hett man egentlich dat Geld nödig? Na kloor, üm
Wofür hat man eigentlich das Geld nötig? Na klar, um

dormit to betahlen. Allens, wat wi köpen oder hebben
damit zu bezahlen. Alles, was wir kaufen oder haben

wüllt, mütt wi mit Geld betahlen. Wi betahlt för Broot,
wollen, müssen wir mit Geld bezahlen. Wir bezahlen für Brot,

’n nie Jack, för de Fohrt mit de Isenbahn, för’n
eine neue Jacke, für die Fahrt mit der Eisenbahn, für eine

Wahnung, för Drinkwater, för Gas to’n Heizen un so wieder.
Wohnung, für Trinkwasser, für Gas zum Heizen und so weiter.

Uns Geld – unser Geld

An’n 1. Januar 2002 hebbt in Europa twölf Länner nies Geld, den Euro (€) inführt. Vörher weer in jeedeen Land egen Geld. In de Bundesrepublik harrn wi af 1948 de
DM – Düütsche Mark.

Am 1. Januar 2002 haben in Europa zwölf Länder neues Geld, den Euro (€) eingeführt. Vorher hatte jedes Land eigenes Geld. In der Bundesrepublik hatten wir ab 1948 die
DM – Deutsche Mark.

De Euro (€) – Der Euro (€)

Wi hebbt Hartgeld	**=**	**Münten – Geldstücken**
Wir haben Hartgeld	=	Münzen – Geldstücke
un Papiergeld	**=**	**Geldschiens**
und Papiergeld	=	Geldscheine/Banknoten

Hartgeld = **Geldstücken**
Hartgeld = Geldstücke

Geldstücken hebbt wi to: Geldstücke haben wir zu:

een, twee, fief, tein, twintig un föftig Cent,
einem, zwei, fünf, zehn, zwanzig und fünfzig Cent,
een un twee Euro (€).
einem und zwei Euro (€).

Papiergeld = **Geldschiens**
Papiergeld = Geldscheine

Geldschiens gifft dat to: Geldscheine gibt es zu:

fief, tein, twintig, föftig, hunnert, tweehunnert
un fiefhunnert Euro (€).

fünf, zehn, zwanzig, fünfzig, hundert, zweihundert
und fünfhundert Euro (€).

Een Euro (€) hett eenhunnert Cent.
Ein Euro (€) hat einhundert Cent.

Geldkoort - Geldkarte

Hüdigendaags hebbt wi för Geldgeschäften en Geldkoort.
Heutigentags haben wir für Geldgeschäfte eine Geldkarte.

De Geldkoort gifft dat vun de Bank oder de Spoorkass.
Die Geldkarte gibt es von der Bank oder der Sparkasse.

Mit de Koort lett sik ut Geldautomaten Boorgeld afheven.
Mit der Karte lässt sich aus Geldautomaten Bargeld abheben.

Ok kann man mit de Koort bi't Inköpen betahlen.
Auch kann man mit der Karte beim Einkaufen bezahlen.

Beides kann man ok mit de Koort in't Utland.
Beides kann man auch mit der Karte im Ausland.

Man seggt dorto, man betahlt boorgeldlos, oder man
Man sagt dazu, man bezahlt bargeldlos, oder man

snackt ok wegen de Plastikkoort vun „Plastikgeld".
spricht auch wegen der Plastikkarte von „Plastikgeld".

To'n Nalesen: *Zum Nachlesen:*

dat Geld das Geld	**dat Boorgeld** das Bargeld	**de Geldkoort** die Geldkarte	**hüdigendaags** heutigentags
de Bank die Bank	**de Banken** die Banken	**de Spoorkass** die Sparkasse	**dat Plastikgeld** das Plastikgeld
de Münt die Münze	**de Münten** die Münzen	**dat Hartgeld** das Hartgeld	**dat Utland** das Ausland

Geld sporen – Geld sparen

Geld, dat man överhett, spoort man oder leggt dat up de hoge Kant.
Geld, das man überhat, spart man oder legt es auf die hohe Kante.

Fröher hebbt de Lüüd dat Geld in'n Spoorstrump steken.
Früher haben die Leute das Geld in den Sparstrumpf gesteckt.

De Spoorstrump leet sik goot ünner de Matratz oder den Strohsack vör Deven versticken.
Der Sparstrumpf ließ sich gut unter der Matratze oder dem Strohsack vor Dieben verstecken.

Later bröch man dat Geld na de Spoorkass. Dor weer dat seker un de Spoorkass schreev jeedeen Johr de Tinsen in't Spoorbook.
Später brachte man das Geld zur Sparkasse. Da war es sicher und die Sparkasse schrieb jedes Jahr die Zinsen ins Sparbuch.

En poor Sprickwöör – Ein paar Sprichwörter

Spoor wat, denn hest du wat.
Spare was, dann hast du was.

Spoor in de Tiet, denn hest du in de Noot.
Spare in der Zeit, dann hast du in der Not.

Welkeen den Penning (Cent) nich ehrt, is den Daler (Euro) nich weert.
Wer den Pfennig (Cent) nicht ehrt, ist des Talers (Euro) nicht wert.

So is't in de Welt, de een hett 'n Büdel, de anner
So is es in der Welt, der eine hat den Beutel, der andere
dat Geld.
das Geld.

To'n Nalesen: *Zum Nachlesen:*

de Daler der Taler	**de Dalers** die Taler	**de Penning** der Pfenning	**de Pennings** die Pfenninge
de Tins der Zins	**de Tinsen** die Zinsen	**de Noot** die Not	**dat Spoorbook** das Sparbuch
de Büdel der Beutel	**de Büdels** die Beutel	**de Kant** die Kante	**de Kanten** die Kanten
de Deef der Dieb	**de Deven** die Diebe	**de Strohsack** der Strohsack	**de Matratz** die Matratze

de Geldtasch **de Geldbütel** **de Geldböörs** **de Geldkatt** **de Geldkniep** **de Geldknipp** **de Kniep/Knipp**	die Geldtasche der Geldbeutel die Geldbörse das Portemonnaie

de Spoordoos die Spardose	**dat Spoorswien** das Sparschwein	**de Spoorstrump** der Sparstrumpf
dat Spoorbook das Sparbuch	**de Spoorkass** die Sparkasse	**de Spoorclub** der Sparclub

Inköpen – Einkaufen

Wi hebbt uns Geld kennen lehrt, nu wüllt wi ok inköpen.
Wir haben unser Geld kennen gelernt, nun wollen wir auch einkaufen.

Up den Wekenmarkt

De Kinner hebbt Ferien. Se mütt wat to doon kriegen. Fiete sall för sien Modder to'n Wekenmarkt un inköpen. Den Inkoopzeddel un de Geldtasch hett he al vun sien Modder kregen. Lene will gern mit. Up den Wekenmarkt gifft dat immer veel Nies to seh'n. Dor sünd immer veel Lüüd, dor is immer wat los. Se fraagt ehren Broder: „Fiete, kann ik mit to'n Markt? Ik help di ok bi't Dregen." Fiete, de gern Hülp hett, seggt freudig to: „Ja, du kannst mitkamen. Nehm aver enen Inkoopsbüdel mit." De beiden suust mit Hallo un Larm up de Straat. Se hebbt dat nich wiet. De Straat lang, üm de Kirch rüm und schoon sünd se up den Markt. Maandags un Dunnersdags warrt up den Marktplatz neven de Kirch Wekenmarkt afhollen. De Hannelslüüd hebbt al tiedig ehre Verkoopsstänn upstellt un de Woren utleggt. De Lüüd staht to Hoop vör de Verkoopsstänn.

De Gröönhöker

Ok bi den Gröönhöker staht männich Fruunslüüd. Se bekiekt sik de velen Sorten Gröönworen, de he mitbröcht hett. Ik tell mal welk up:

de Kohl	**de Blomenkohl**	**de Gröönkohl**
der Kohl	der Blumenkohl	der Grünkohl

de Wötteln	**de Röven**	**de Kartüffeln**
die Wurzeln	die Rüben	die Kartoffeln
de Arfen	**de Bohnen**	**de Petersill**
die Erbsen	die Bohnen	die Petersilie
de Appeln	**de Beeren**	**de Plummen**
die Äpfel	die Birnen	die Pflaumen

Ok Nööt, Appelsinen, Datteln un Fiegen hett he.
Auch Nüsse, Apfelsinen, Datteln und Feigen hat er.

De Slachter

Ok de Slachter hett sien Stand vull mit Woren. Männich Sorten Fleesch un Wust hett he utleggt. Bi't Bekieken löppt een dat Water in'n Mund tosamen. Dat kann een bi em allens köpen:

dat Rindfleesch	**dat Hamelfleesch**	**dat Swienfleesch**
das Rindfleisch	das Hammelfleisch	das Schweinefleisch
de Speck	**dat Smolt**	**de Rökerschinken**
der Speck	das Schmalz	der Räucherschinken
de Wust / Wurst	**de Mettwust**	**de Leverwust**
die Wurst	die Mettwurst	die Leberwurst
de Blootwust	**de Fleeschwust**	**de Grüttwust**
die Blutwurst	die Fleischwurst	die Grützwurst

De Keeshöker

Bi den Keesstand rückt dat na scharpen Kees. Dor liggt nich blots Kees, sünner ok noch vele anner lecker Saken, de mit Melk to doon hebbt. Botter, Rahm, Slackermaschü, Quark und ok Eier hett de Keeshändler antobeden.

de Kees	**de Snittkees**	**de Smeerkees**
der Käse	der Schnittkäse	der Schmierkäse
de Frischmelk	**de Vullmelk**	**de Bottermelk**
die Frischmilch	die Vollmilch	die Buttermilch
de Landbotter	**de Rahmbotter**	**de Quark**
die Landbutter	die Rahmbutter	der Quark

Männich	**Lüüd**	**seggt**	**to'n**	**Keeshöker**	**ok**	**Melkbuer.**
Viele	Leute	sagen	zum	Käsehändler	auch	Milchbauer.

De Bäcker

Fienen Ruch na frisch Broot un söten Koken wiest uns den Weg na den Bäckerstand. Man kann dor männich Sorten Broot, Semmeln, Tweeback, allerlei Koken, Torten un anner Backwark köpen.

dat Broot	**dat Swattbroot**	**dat Wetenbroot**
das Brot	das Schwarzbrot	das Weizenbrot

de Semmel	**de Bottersemmel**	**de Mahnsemmel**
die Semmel	die Buttersemmel	die Mohnsemmel
de Pottkoken	**de Platenkoken**	**de Sahnetoort**
der Topfkuchen	der Blechkuchen	die Sahnetorte

De Fischhöker

Allens, wat de Fischerslüüd ut dat Water treckt, liggt bi den Fischhöker frisch up den Verkoopsdisch:

de Dösch	**de Hering**	**de Makreel**
der Dorsch	der Hering	die Makrele
de Butt	**de Lass**	**de Forell**
der Butt	der Lachs	die Forelle

Ok fiene Rökerworen hett he mitbröcht: Rökerhering, vele seggt ok Bückel dorto, un wat ganz Leckeres, Kieler Sprotten. Rökeraal un Rökerlass sünd ok dorbi.

de Rökerforell	**de Rökerheilbutt**	**de Rökermakreel**
die Räucherforelle	der Räucherheilbutt	die Räuchermakrele

Welk Fischsorten hett he ok in Suer un as fien trechtmaakte Salate:

de Suurhering	**de Suuraal**	**de Rullmops**
den Sauerhering	den Saueraal	den Rollmops
de Braathering	**de Kroonsardin**	**de Heringssalaat**
den Brathering	die Kronsardine	den Heringssalat

De Blomenhöker

Pott- un Snittblomen in vele bunte Klören hett de Blomenhöker upstellt. Blomenpött un anner Goorntobehöör hett he ok.

de	**Roos**	**de**	**Tulp**	**de**	**Nelk**
die	Rose	die	Tulpe	die	Nelke
de	**Viool**	**de**	**Lielje**	**de**	**Sünnenbloom**
das	Veilchen	die	Lilie	die	Sonnenblume

Ok grote un lütte Pottblomen hett he vele:

de	**Alpenviool**	**de**	**Grania**	**de**	**Hyazint**
das	Alpenveilchen	die	Geranie	die	Hyazinthe
de	**Saffraan**	**de**	**Zittlöösch**	**de**	**Steefmodder**
den	Krokus	die	Narzisse	das	Stiefmütterchen

Anner Saken, de mit Blomen un mit den Goorn to doon hebbt, gifft dat ok to köpen:

de	**Blomenpott**	**de**	**Blomensaat**	**de**	**Gröönsakensaat**
den	Blumentopf	die	Blumensamen	die	Gemüsesamen
de	**Petersill**	**de**	**Snittlook**	**de**	**Blomenzippel**
die	Petersilie	den	Schnittlauch	die	Blumenzwiebel
de	**Salaatplanten**	**de**	**Kohlplanten**	**de**	**Plantkartüffel**
die	Salatpflanzen	die	Kohlpflanzen	die	Pflanzkartoffel

De Pottkramer

Bi den Pottkramer süht dat bunt ut. Up sien Verkoopsdisch staht un liegt Pött, Pannen, Kaffeekannen, Tassen, Schötteln, Töller, Melkpött, Eetbestick un Suppenkellen. Ok Sliepsteen, Sependosen, Bössen, Kämm, Bänner, Neihtüüg, Knööp, Nadels, Tweern un annern Kleenkraam liggt bi em up den Disch. Up de Eer staht Wannen, Körf, Emmer un Geetkannen, allens, wat een in'n Huushoolt so bruken deiht.

de Henkelpott der Henkeltopf	**de Braatpann** die Bratpfanne	**de Suppenschöttel** die Suppenschüssel
de Suppentöller der Suppenteller	**de Teekann** die Teekanne	**de Ünnertass** die Untertasse
de Waschwann die Waschwanne	**de Wateremmer** der Wassereimer	**de Wäschekorf** der Wäschekorb

Lene un Fiete kiekt sik all de schönen Saken an. Lene funn de bunten Hoorspangen smuck. „Kiek hier, de Hohrspangen, sünd de nich smuck?", meen se to Fiete. „Ik fraag Modder, ob ik mi welk dorvun köpen dörv." Fiete harr en Oog up en Reeg Taschenmessers smeten. De Klingen weren so fien blank un scharp. Sien Metz weer al oolt un stump. He weer an't Överleggen, ob dat Geld in sien Spoordoos al utriekt för en nie Metz. Aver denn füll em in: „Ik kann mi en nie Taschenmetz to'n Boortsdag wünschen. Ik heff nächsten Maand Boortsdag", see he to Lene.
„Nu warr't langsam Tiet, dat wi inkööpt", weer Fiete an't Drängeln. He kraam sik den Inkoopszeddel ut de Tasch.

Babenup stünnen Botter, Kees un Eier. „Wi gaht toeerst na den Keeshändler“, meen he to Lene. „Na, junger Mann, was möchten Sie haben?“, begreut em de Keeshändler. „En Paket Botter, fiefhunnert Gramm Holländer-Kees un tein Landeier“, geev he den Hannelsmann in Opdrag. Dat Keesstück snee de Händler vun enen groten runnen Kees af. De Bodder un de Eier weren al fardig afpackt. De Händler drükkt de Priese in den Kassenautomat, 1,80; 7,35; 2,20 €: „Macht zusammen 11 € und 35 Cent.“ Fiete betahlt mit aftellt Geld. Se tröken wieder na den Bäckerstand. „En frisch Swattbroot un söss Semmeln“, reep Fiete de fründliche Bäckersfru to. De Fru wüss glieks, welk Brootsoort dat sien sull, denn se kemen öfter mit Modder bi ehr to’n Inköpen. Modder köfft ümmer de glieke Soort Swattbroot. Se steken dat Broot un de Semmeln in de Inkoopstasch. Fiete betahlt mit enen 10-€-Schien.

„Vun den Slachter mütt wi Mettwust un Schinkenspeck köpen“, leest Fiete sien Swester vun den Inkoopszeddel vör. Dat hebbt se snell in de Reeg bröcht.

Nu stünnen noch Kartüffeln un Grööntüüg up den Zeddel. „Goden Dag, fief Pund junge Kartüffeln harr ik gern“, leet Fiete den Gröönhändler weten. „Geiht in Ornung, junger Mann, wat dörv dat sünst noch sien?“, entgegen de Verköper. „En Bund Wötteln un en Bund Petersill sall ik noch mitbringen“, weer de Anter vun Fiete. Fiete betahl allens.

Lene fraag ehren Broder: „Hebbt wi nu allens, oder fehlt noch wat?“ „Na den Inkoopszettel hebbt wi allens, wi künnt na Huus gah’n“, anter Fiete. Flink weren se wedder to Huus. Modder hett sik de Saken ankeken. Se weer mit den Inkoop heel tofreden. De Kinner hebbt allens so bröcht, as Modder dat hebben wull. De överbleven Cente dörven sik de beiden delen. Se freut sik al up dat nächste Inköpen för Modder.

Auf dem Wochenmarkt

Die Kinder haben Ferien. Sie müssen beschäftigt werden. Friedrich soll für seine Mutter zum Wochenmarkt und einkaufen. Den Einkaufszettel und die Geldtasche hat er schon von seiner Mutter bekommen. Helene will gern mit. Auf dem Wochenmarkt gibt es immer viel Neues zu sehen. Da sind immer viele Leute, dort ist immer etwas los. Sie fragt ihren Bruder: „Friedrich, kann ich mit zum Markt? Ich helfe dir auch beim Tragen.“ Friedrich, der gern Hilfe hat, sagt freudig zu: „Ja, du kannst mitkommen. Nimm aber einen Einkaufsbeutel mit.“ Die beiden sausen mit Hallo und Lärm auf die Straße. Sie haben es nicht weit. Die Straße entlang, um die Kirche herum, und schon sind sie auf dem Markt. Montags und donnerstags wird auf dem Marktplatz neben der Kirche Wochenmarkt abgehalten. Die Händler haben schon zeitig ihre Verkaufsstände aufgestellt und die Waren ausgelegt. Die Leute stehen in Haufen vor den Verkaufsständen.

Der Gemüsehändler

Auch beim Gemüsehändler stehen viele Frauen. Sie begucken sich die vielen Sorten Gemüse, die er mitgebracht hat.

Der Schlachter

Auch der Schlachter hat seinen Stand voll mit Waren. Viele Sorten Fleisch und Wurst hat er ausgelegt. Beim Begucken läuft einem das Wasser im Mund zusammen.

Der Käsehändler

Beim Käsestand riecht es nach scharfem Käse. Dort liegt nicht nur Käse, sondern es liegen auch noch viele andere Sachen, die mit Milch zu tun haben. Butter, Rahm, Schlagsahne, Quark und auch Eier hat der Käsehändler anzubieten.

Der Bäcker

Feiner Geruch nach frischem Brot und süßem Kuchen weist uns den Weg zu dem Bäckerstand. Man kann dort viele Sorten Brot, Semmeln, Zwieback, allerlei Kuchen, Torten und andere Backwaren kaufen.

Der Fischhändler

Alles, was die Fischer aus dem Wasser ziehen, liegt bei dem Fischhändler frisch auf dem Tisch.
Auch feine Räucherwaren hat er mitgebracht: Räucherhering, viele sagen auch Bückling dazu, und etwas ganz Leckeres, Kieler Sprotten. Räucheraal und Räucherlachs sind auch dabei.
Einige Fischsorten gibt es auch in Sauer und als feine Salate zurechtgemacht.

Der Blumenhändler

Topf- und Schnittblumen in vielen bunten Farben hat der Blumenhändler aufgestellt. Blumentöpfe und anderes Gartenzubehör hat er auch.
Auch große und kleine Topfblumen hat er viele.
Andere Sachen, die mit Blumen und mit dem Garten zu tun haben, gibt es auch zu kaufen.

Der Haushaltswarenhändler

Bei dem Haushaltswarenhändler sieht es bunt aus. Auf seinem Verkaufstisch stehen und liegen Töpfe, Pfannen, Kaffeekannen, Tassen, Schüsseln, Teller, Milchtöpfe, Essbestecke und Suppenkellen. Auch Schleifsteine, Seifendosen, Bürsten, Kämme, Bänder, Nähzeug, Knöpfe, Nadeln, Zwirn und anderer Kleinkram liegen bei ihm auf dem Tisch. Auf der Erde stehen Wannen, Körbe, Eimer und Gießkannen, alles, was man im Haushalt gebraucht.

Helene und Friedrich schauen sich all die schönen Sachen an. Helene findet die bunten Haarspangen hübsch. „Schau hier, die Haarspangen, sind sie nicht hübsch?“, meint sie zu Friedrich. „Ich frage Mutter, ob ich mir welche davon kaufen darf.“ Friedrich hat ein Auge auf eine Reihe Taschenmesser geworfen. Die Klingen waren so schön blank und scharf. Sein Messer war schon alt und stumpf. Er war am Überlegen, ob das Geld in seiner Spardose schon ausreichen würde für ein neues Messer. Aber dann hatte er eine Idee. „Ich kann mir ein neues Taschenmesser zum Geburtstag wünschen. Ich habe nächsten Monat Geburtstag“, sagte er zu Helene.
„Nun wird es langsam Zeit, dass wir mit dem Einkaufen beginnen“, war Friedrich am Drängeln. Er kramte den Einkaufszettel aus der Tasche. Oben standen Butter, Käse und Eier. „Wir gehen zuerst zum Käsehändler“, sagte er zu Helene. „Na, junger Mann, was möchten Sie haben?“, begrüßte ihn der Käsehändler. „Ein Paket Butter, fünfhundert Gramm Holländer-Käse und zehn Landeier“, gab er dem Händler in Auftrag. Das Käsestück schnitt der Händler von einem großen runden Käse ab. Die Butter und die Eier waren schon fertig abgepackt. Der Händler tippte die Preise in den Kassenautomaten: 1,80; 7,35; 2,20 €: „Macht zusammen 11 € und 35 Cent.“ Friedrich bezahlte mit abgezähltem Geld.
Sie zogen weiter zum Bäckerstand. „Ein frisches Schwarzbrot und sechs Brötchen“, rief Friedrich der freundlichen Bäckersfrau zu. Die Frau wusste gleich, welche Brotsorte es sein sollte, denn sie kamen öfter mit Mutter zu ihr zum Einkaufen. Mutter kauft immer die gleiche Sorte Schwarzbrot.

Sie steckten das Brot und die Brötchen in die Einkaufstasche. Friedrich bezahlte mit einem 10-€-Schein.
„Von dem Schlachter müssen wir Mettwurst und Schinkenspeck kaufen“, liest Friedrich seiner Schwester vom Einkaufszettel vor. Das haben sie schnell erledigt.
Nun standen noch junge Kartoffeln und Gemüse auf dem Zettel. „Guten Tag, fünf Pfund Kartoffeln hätte ich gern“, ließ Friedrich den Gemüsehändler wissen. „Geht in Ordnung, junger Mann, was darf es sonst noch sein?“, entgegnete der Verkäufer. „Ein Bund Wurzeln und ein Bund Petersilie soll ich noch mitbringen“, war die Antwort von Friedrich. Friedrich bezahlte alles.
Helene fragte ihren Bruder: „Haben wir nun alles, oder fehlt noch etwas?“ „Nach dem Einkaufszettel haben wir alles, wir können nach Hause gehen“, antwortete Friedrich. Flink waren sie wieder zu Haus. Mutter hat sich die Sachen angesehen. Sie war mit dem Einkauf ganz zufrieden. Die Kinder hatten alles so gebracht, wie Mutter es haben wollte. Die übrig gebliebenen Cents durften sich die beiden teilen. Sie freuen sich schon auf das nächste Einkaufen für Mutter.

Wegföhren – Reisen
Wegfahren – Reisen

Vele Lüüd föhrt gern weg oder gaht gern up Reisen.
Viele Leute fahren gern weg oder gehen gern auf Reisen.

Se maakt sik up un besöökt Verwandte un Frünnen
Sie machen sich auf und besuchen Verwandte und Freunde
oder se wüllt anner Lüüd un anner Länner kennen lehren.
oder sie wollen andere Leute und andere Länder kennen lernen.

Wegföhren oder up Reisen gah'n lett sik up männich Oort.
Wegfahren oder auf Reisen gehen lässt sich auf vielerlei Art.

De eenfachste Oort to reisen is, man föhrt mit en Fohrrad,
Die einfachste Art zu reisen ist, man fährt mit dem Fahrrad,
en Motoorrad, en Auto oder mit enen Bus.
einem Motorrad, einem Auto oder mit einem Bus.

Ok kann man mit de Iesenbahn, en Schipp oder enen
Auch kann man mit der Eisenbahn, einem Schiff oder einem
Fleger up Reisen gah'n.
Flugzeug auf Reisen gehen.

As dat so geiht mit dat Wegföhren un Reisen:
Wie es so geht mit dem Wegfahren und Reisen:

Fiete: „Ik heff to Wiehnachen en Fohrrad kregen, ik föhr dormit jeden Dag na de School.“
Friedrich: „Ich habe zu Weihnachten ein Fahrrad bekommen, ich fahre damit jeden Tag zur Schule.“

De Unkel vun Fiete hett'n Motoorrad. He lett Fiete oftins mitföhren.
Der Onkel von Friedrich hat ein Motorrad. Er lässt Friedrich häufig mitfahren.

Vele Kinner warrt vun de Öllern mit't Auto na de School föhrt un ok wedder afhaalt.
Viele Kinder werden von den Eltern mit dem Auto zur Schule gefahren und auch wieder abgeholt.

Up'n Lann föhrt de Schoolbus över de Dörper un haalt de Schoolkinner af. Na de School bringt he se wedder trüch.
Auf dem Lande fährt der Schulbus über die Dörfer und holt die Schulkinder ab. Nach der Schule bringt er sie wieder zurück.

Up de Straat – Auf der Straße

Över Weeg un Straten kaamt wi vun enen Oort
Über Wege und Straßen kommen wir von einem Ort
na den annern.
zum anderen.

de Footweg	**de Fohrradweg**	**de Straat**
der Fußweg	der Fahrradweg	die Straße

de Landstraat	**de Bundesstraat**	**de Autobahn**
die Landstraße	die Bundesstraße	die Autobahn

Fohrtügen up Weeg un Straten:
Fahrzeuge auf Wegen und Straßen:

dat Fohrrad	**dat Mofa**	**dat Motoorrad**
das Fahrrad	das Mofa	das Motorrad
dat Auto	**de Lastwagen**	**de Reisbus**
das Auto	der Lastwagen	der Reisebus

De Iesenbahn – Die Eisenbahn

Mit de Iesenbahn sünd wi ok al föhrt. De Fohrt güng mit enen Inter-City-Tog na Bayern. Ik dörf den Schaffner mien Fohrkoort wiesen. Dat Susen över de Schienen hett veel Spaß bröcht. Allens flöög so snell as de Blitz an dat Finster vörbi.
Mit der Eisenbahn sind wir auch schon gefahren. Die Fahrt ging mit dem Inter-City-Zug nach Bayern. Ich durfte dem Schaffner meine Fahrkarte zeigen. Das Sausen über die Schienen hat viel Spaß gebracht. Alles flog so schnell wie der Blitz am Fenster vorbei.

Wat hett man allens bi de Iesenbahn:
Was hat man alles bei der Eisenbahn:

de Bahnhoff	**de Bahnhoffshall**	**de Bahnstieg**
den Bahnhof	die Bahnhofshalle	den Bahnsteig
dat Bahngleis	**dat Stellwark**	**dat Signaal**
das Bahngleis	das Stellwerk	das Signal
de Fohrplan	**dat Fohrgeld**	**de Fohrkoort**
den Fahrplan	das Fahrgeld	die Fahrkarte

de Schaffner	**de Fohrkortenautomaat**
den Schaffner	den Fahrkartenautomaten

De Bahn hett en ganze Reeg verscheden Töög:
Die Bahn hat eine ganze Reihe verschiedene Züge:

de Personentog	**de Gütertog**	**de Ieltog**
den Personenzug	den Güterzug	den Eilzug
de Snelltog	**de D-Tog**	**de InterCity**
den Schnellzug	den D-Zug	den InterCity

De Schippfohrt – Die Schifffahrt

In de Sommerferien wüllt wi mit dat Auto na Sweden föhren. Dat Fährschipp bringt uns vun Tramünn över de Oostsee na Trelleborg.
In den Sommerferien wollen wir mit dem Auto nach Schweden fahren. Das Fährschiff bringt uns von Travemünde über die Ostsee nach Trelleborg.

Lütte un grote Scheep findt man up't Water:
Kleine und große Schiffe findet man auf dem Wasser:

dat Seilschipp	**dat Mootorschipp**	**dat Passageerschipp**
das Segelschiff	das Motorschiff	das Passagierschiff
dat Frachtschipp	**dat Fährschipp**	**dat Tankschipp**
das Frachtschiff	das Fährschiff	das Tankschiff
dat Roderboot	**dat Lotsenboot**	**dat Reddungsboot**
das Ruderboot	das Lotsenboot	das Rettungsboot

dat Fischerboot das Fischerboot

För de Schippfohrt is an de Waterkant so
Für die Schifffahrt ist an der Wasserküste so
allerhand nödig:
allerhand nötig:

de Haven der Hafen	**de Brüch** die Brücke	**de Kaimuur** die Kaimauer
de Fährhaven der Fährhafen	**de Fähranlegger** der Fähranleger	**de Havenmool** die Hafenmole
dat Fohrwater das Fahrwasser	**de Fohrrönn** die Fahrrinne	**de Lüchttoorm** der Leuchtturm
de Seemann der Seemann	**de Matroos** der Matrose	**de Kaptein** der Kapitän

Luftfohrt un Flegen – Luftfahrt und Fliegen

Reisen kann man ok mit enen Fleger, besünners wenn dat up en wiede Reis gah'n sall. In en poor Stunnen kümmt man mit den snellen Fleger vun en Land na dat anner oder sogoor vun enen Eerddeel na den annern. In binah alle Länner hebbt de groten Städer enen Flooghaven.
Reisen kann man auch mit einem Flugzeug, besonders wenn es auf eine weite Reise gehen soll. In ein paar Stunden kommt man mit dem schnellen Flugzeug von einem Land zum anderen oder sogar von einem Erdteil zum anderen. In fast allen Ländern haben die großen Städte einen Flughafen.

Wi sünd noch nich mit enen Fleger reist. Mudder meent, dat snelle Flegen is nix för se. Wi dat woll is, in enen Düsenfleger hoch baben mank de Wolken? Ik bün al ganz neeschierig dorop.

Wir sind noch nicht mit einem Flugzeug gereist. Mutter meint, das schnelle Fliegen ist nichts für sie. Wie es wohl ist, in einem Düsenflugzeug hoch oben zwischen den Wolken? Ich bin schon ganz neugierig darauf.

För Luftreisen gifft dat allerhand Fohrtügen:
Für Luftreisen gibt es allerhand Fahrzeuge:

den Fleger das Flugzeug	**den Heevschruber** den Hubschrauber	**den Waterfleger** das Wasserflugzeug
den Düsenjet den Düsenjet	**de Rakeet** die Rakete	**den Fallscheerm** den Fallschirm

Sogoor mit enen Ballon kann man en Reis maken. Man kann sik dorbi in Roh de Gegend vun baben bekieken. De Wind aver leggt fast, wohen de Reis geiht.
Sogar mit einem Ballon kann man eine Reise machen. Man kann sich dabei in Ruhe die Gegend von oben ansehen. Der Wind aber legt fest, wohin die Reise geht.

Sprickwöör vun reisen Lüüd
Sprichwörter von reisenden Leuten

Reisen Lüüd sall man nich uphollen.
Reisende Leute soll man nicht aufhalten.

Beter slecht föhrt as goot lopen.
Besser schlecht gefahren als gut gelaufen.

Welkeen 'n Reis maakt hett, de kann veel vertellen.
Wer eine Reise gemacht hat, der kann viel erzählen.

Ik kaam bald wedder, see de Voss, dor jagen se em
Ich komme bald wieder, sagte der Fuchs, da jagten sie ihn
ut't Dörp.
aus dem Dorf.

Reisen Lüüd mütt man nich uphollen, see de Voss,
Reisende Leute muss man nicht aufhalten, sagte der Fuchs,
dor harr he den Hasen nich kregen.
da hatte er den Hasen nicht bekommen.

Welkeen goot smeert, de goot föhrt.
Wer gut schmiert, der gut fährt.

Welkeen langsam geiht, de kümmt ok to'n Teel.
Wer langsam geht, der kommt auch zum Ziel.

Handwark un Beroop
Handwerk und Beruf

Dat nie Huus

Fiete un Lene sünd up den Weg na de Grootöllern. Se kaamt an enen Niebu vörbi. Baben an den Dackstohl vun dat Eenfamilienhuus sünd Handwarkers to Gang.

De Richtkroon hängt al över den Dackstohl. „Kiek di mal de Arbeiders an“, Lene wiest na baven, „de hebbt all swartes Tüüg an un grote Hööd up.“ „Dat sünd Timmerlüüd, de hebbt dat Tüüg vun de Wandergesellen an“, anter Fiete. He föhl sik en beten wichtig dorbi. Fiete meen, dat he all de Handwarkers uptellen kann, de up den Niebu arbeidt. „Wat sünd Wandergesellen?“, will Lene nieschierig weten. „Wandergesellen sünd Handwarkers, de ehr Lehrtiet bi’n Meister rüm hebbt un Gesell worrn sünd“, bedüüdt Fiete sien Süster. „Se laat sik ‚fremd‘ schrieven, dormit se up Wannerschapp oder Tippelie gah’n künnt. Se wüllt in de Frömm bi anner Meisters arbeiden, üm noch mehr to lehren.“ „Maakt dat all Handwarkslüüd?“, fraag Lene. „In fröhere Tieden sünd vele Handwarkers up Tippelie gahn. Hüdigendaags gaht in de Hauptsaak noch Muurlüüd un Timmerlüüd in de Frömm“, anter Fiete.

„Welk Handwarkers arbeid noch all an dat Huus?“, fraag Lene. „Dat sünd ’n ganze Reeg, ik tell mal welk up“, verkloort Fiete. „Is de Bugruuv fardig uthaven, denn geiht de Arbeit för de Muurlüüd los. Se muert de Wännen un geet de Betondecken. Toeerst maakt se de Kellerrüüm. Later de Butenwänn un de Stuvenwänn. Staht de Wänn un sünd de Deken fardig, dann sünd de Timmerlüüd an de Reeg. De sett den Dackstohl tosamen. De Dackdeckers leggt de Dackpannen up.“ Lene: „Wat warrt dorna maakt?“ Fiete: „All Rohren, Kavels un Apperaaten, de ünner den Putz liggen süllt, warrt nu verleggt un anbröcht. De Klempner leggt de Water- un Afwaterleitungen. De Rohren för de Heizkörpers warrt vun de Heizungsmonteure inbuut. De Elektriker verleggt Kavels un Leitungen, de för de Lampen un de Apperaaten mit elektrischen Ansluss bruukt warrt. Liegt de Rohren un Leitungen, denn verputzt de Muurlüüd de Wännen.“ „Welkeen bringt de Wandplatten in de Baadstuuv an?“, keem de Fraag vun Lene. „Dat is de Arbeit vun de Fliesenleggers. De leggt de Fliesen in de Baadstuuv, de Köök un in de Deel“, anter Fiete. „De Timmerlüüd buut de Holttreppen in. Ok de Dören un Finster warrt insett. Dorna geiht dat los mit de Binnenarbeiden. De Maler maalt Wännen un Deken un wat sünst noch Farv bruukt. De Klempner, de Heizungsmonteur un de Elektriker buut all Apperaaten, Heizkörpers un Lampen an. De Inbuköök warrt vun de Leverfirma inbuut. De Dekorateur hängt de Gardinen un Vörhäng up un bringt de Jalousetten an. De Maler striekt dat Huus vun buten.“ „Oh“, meen Lene, „dat is ja en ganze Reeg Handwarkers, de an en nie Huus to doon hebbt. Wenn dat Huus fardig is, denn much ik dat gern bekieken.“

Das neue Haus

Friedrich und Helene sind auf dem Weg zu den Großeltern. Sie kommen an einem Neubau vorbei. Oben auf dem Dachstuhl des Einfamilienhauses sind Handwerker beschäftigt. Die Richtkrone hängt schon über dem Dachstuhl. „Schau dir einmal die Arbeiter an“, Helene weist nach oben, „die haben alle schwarzes Zeug an und große Hüte auf.“ „Das sind Zimmerleute, die haben das Zeug der Wandergesellen an“, antwortet Friedrich. Er fühlt sich ein bisschen wichtig dabei. Friedrich meint, dass er alle Handwerker aufzählen kann, die auf dem Neubau arbeiten. „Was sind Wandergesellen?“, will Helene neugierig wissen. „Wandergesellen sind Handwerker, die ihre Lehrzeit beim Meister beendet haben und Geselle geworden sind“, belehrt Friedrich seine Schwester. „Sie lassen sich ‚fremd‘ schreiben, damit sie auf Wanderschaft oder auf Tippelei gehen können. Sie wollen in der Fremde bei anderen Meistern arbeiten, um noch mehr zu lernen.“ „Machen das alle Handwerksleute?“, fragt Helene. „In früheren Zeiten sind viele Handwerker auf Tippelei gegangen. Heutzutage gehen hauptsächlich noch Mauerleute und Zimmerleute in die Fremde“, antwortet Friedrich. „Welche Handwerker arbeiten noch alle an dem Haus?“, fragt Helene. „Das sind eine ganze Reihe, ich zähle einmal welche auf“, erklärt Friedrich. „Ist die Baugrube fertig ausgehoben, dann beginnt die Arbeit für die Mauerleute. Sie mauern die Wände und gießen die Betondecken. Zuerst machen sie die Kellerräume.

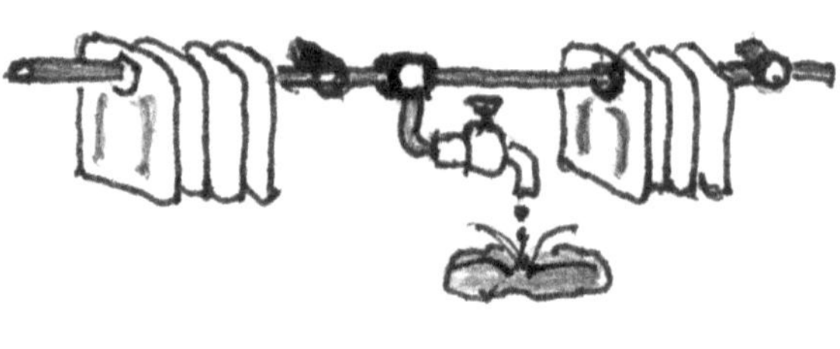

Später die Außenwände und die Zimmerwände. Stehen die Wände und sind die Decken fertig, dann sind die Zimmerleute an der Reihe. Die setzen den Dachstuhl zusammen. Die Dachdecker legen die Dachpfannen auf." Helene: „Was wird danach gemacht?" Friedrich: „Alle Rohre, Kabel und Apparate, die unter dem Putz liegen sollen, werden nun verlegt und angebracht. Die Klempner verlegen die Wasser- und Abwasserleitungen. Die Rohre für die Heizkörper werden von Heizungsmonteuren eingebaut.Die Elektriker verlegen die Kabel und Leitungen, die für Lampen und Apparate mit elektrischem Anschluss benötigt werden. Liegen die Rohre und Leitungen, dann verputzen die Mauerleute die Wände." „Wer bringt die Wandplatten im Badezimmer an?", kam die Frage von Helene. „Das ist die Arbeit der Fliesenleger. Die legen die Fliesen im Badezimmer, in der Küche und im Flur", antwortet Friedrich. „Die Zimmerleute bauen die Holztreppen ein. Auch die Türen und Fenster werden eingesetzt. Nun beginnen die Innenarbeiten. Der Maler malt Wände und Decken und was sonst noch Farbe benötigt. Der Klempner, der Heizungsmonteur und der Elektriker bauen alle Apparate, Heizkörper und Lampen an. Die Einbauküche wird von der Lieferfirma eingebaut. Der Dekorateur hängt die Gardinen und Vorhänge auf und bringt die Jalousetten an. Der Maler streicht das Haus von außen." „Oh", meint Helene, „das sind ja eine ganze Reihe Handwerker, die an einem neuen Haus zu tun haben. Wenn das Haus fertig ist, dann möchte ich es gerne besichtigen."

As wi al leest hebbt, sünd naenanner vele flietige Handwarkers an't Arbeiden, bit en Huus so wiet fardig is, dat de Lüüd dorin wahnen künnt.

Wie wir schon gelesen haben, sind nacheinander viele fleißige Handwerker am Arbeiten, bis ein Haus so weit fertig ist, dass die Leute darin wohnen können.

Bi'n Huusbu mitarbeiden doot:
Beim Hausbau arbeiten mit:

de Murer der Maurer	**de Timmermann** der Zimmermann	**de Dackdecker** der Dachdecker
de Klempner der Klempner	**de Elektriker** der Elektriker	**de Heizungsmonteur** der Heizungsmonteur
de Discher der Tischler	**de Buslosser** der Bauschlosser	**de Glaser** der Glaser
de Tapezerer der Tapezierer	**de Maler** der Maler	**de Dekorateur** der Dekorateur

Wi hebbt Handwarkers un Beropen kennen lehrt, de dat Huus buut hebbt. Nu wüllt wi ok anner Handwarker un Beropen uptellen.
Wir haben Handwerker und Berufe kennen gelernt, die das Haus gebaut haben. Nun wollen wir auch andere Handwerker und Berufe aufzählen.

Handwarkers un Beropen, de wi mehrstendeels in de Stadt andraapt:
Handwerker und Berufe, die wir meistenteils in der Stadt antreffen:

de Koopmann der Kaufmann	**de Bäcker** der Bäcker	**de Slachter** der Schlachter
de Schooster der Schuster	**de Snieder** der Schneider	**de Busfohrer** der Busfahrer

de Kock der Koch	**de Kellner** der Kellner	**de Kröger** der Gastwirt
de Afteker der Apotheker	**de Dokter** der Doktor	**de Krankenswester** die Krankenschwester

Beropen ut de Landweertschop:
Berufe aus der Landwirtschaft:

de Buur der Bauer	**de Landweert** der Landwirt	**de Melker** der Melker
de Müller der Müller	**de Smitt** der Schmied	**de Scheper** der Schäfer
de Imker der Imker	**de Goorner** der Gärtner	**de Peerpleger** der Pferdepfleger

An de Waterkant un op dat Water gifft dat ok allerhand Beropen.
An der Küste und auf dem Wasser gibt es auch allerhand Berufe.

Toeerst kiekt wi, wat för Beropen an Land un in'n Haven to finnen sünd, de mit dat Water to doon hebbt :
Zunächst schauen wir, welche Berufe an Land und im Hafen zu finden sind, die mit dem Wasser zu tun haben :

de Fischer der Fischer	**de Fährmann** der Fährmann	**de Fastmaker** der Festmacher

de Bootsbuer der Bootsbauer	**de Segelmaker** der Segelmacher	**de Takler** der Takler
de Schippsbuer der Schiffsbauer	**de Schippstimmermann** der Schiffszimmermann	

Nu ok noch de Lüüd, de to See föhrt:
Nun auch noch die Leute, die zur See fahren:

de Schippsjung der Schiffsjunge	**de Matroos** der Matrose	**de Schipper** der Schiffer
de Stüermann der Steuermann	**de Kaptein** der Kapitän	**de Loots** der Lotse
de Maschienist der Maschinist	**de Schippskock** der Schiffskoch	**de Tallmester** der Zahlmeister

Handwark hett ok Spreekwöör paraat:
Handwerk hat auch Sprichwörter parat:

De Minsch lehrt, solang as he leevt.
Der Mensch lernt, solange er lebt.

Dat Iesen mutt'n smeden, wenn't hitt is.
Das Eisen muss man schmieden, wenn es heiß ist.

Dor fallt keen Meester vun'n Himmel un warrt ok
Da fällt kein Meister vom Himmel und es wird auch
keen born.
keiner geboren.

Dat is en slecht Handwark, dat sien Meester nich
Das ist ein schlechtes Handwerk, das seinen Meister nicht
nährt.
ernährt.

Schooster, bliev bi dien Leesten.
Schuster, bleib bei deinem Leisten.

Enen scharpen Meester gifft enen goden Gesellen.
Ein strenger Meister gibt einen guten Gesellen.

Buen is en Lust, wat dat kost, heff ik nich wüsst,
Bauen ist eine Lust, was es kostet, habe ich nicht gewusst,
seggt de Timmermann.
sagt der Zimmermann.

En goden Schipper kümmt ok mal ut dat
Ein guter Schiffer kommt auch mal aus dem
rechte Fohrwater.
rechten Fahrwasser.

An't Enn noch en Woort:

Lang noog hebbt wi uns nu mit dat Plattdüütsch lehren afmöht. Dat Lehren hett woll ok welkeen männicheen Sweetdruppen kost. As Lohn hebbt wi nu noch achteran en poor lütte plattdüütsche Stremels paraat. Wi hööpt, se bring en beten Höög.

Alltohoop

Vadder Modder Fiete Lene

seggt wi nu „Tschüüß".

Nien Naver

Siet en poor Weken heff ik enen nien Naver. Miteens trock he in dat Huus nevenan. Dat harr al ’n ganze Wiel leer stah’n. Ik mutt schon seggen, mit mien nien Naver heff ik enen ganzen Barg Glück hatt. Beter kunn ik dat mit em nich drapen. He is en vun de ganz fründlichen. As ik em dat eerst Maal to Gesicht kreeg, stünn he bi sik in’n Goorn. He hett mi fründlich towinkt. Miteenanner snackt hebbt wi dorbi aver noch nich. Ik müss foorts wedder in’t Huus. So’n lütten Funkenslag vun Tovertruen twüschen uns hett dat aver glieks geven. So oft wi uns seht, dat Fründlichsien un dat lachen Gesicht hett he ümmer. Meisttiets seh ik em in sien Goorn. Wenn he mi dorbi gewohr warrt, kümmt he foorts an den Tuun un gifft mi de Hand. Wi snackt denn miteenanner, över dit un dat, as Navers dat so doot. Wi kaamt uns dorbi ümmer neger un frünnt uns ümmer mehr miteenanner an. Ik heff dat so in’t Geföhl, wi stüert up ’n dicke Fründschap to.
Af un an maak ik em ok ’n lütt Freid. Ik heff denn so en lütt Mitbringsel för em. Wenn dat ok meisttiets blots lütte Upmarken sünd, freit he sik dorto bannig.
He treckt mi ok al mal in’t Vertruun. Vertellt mi, wat anner nich weten süllt. He hett mi ok al vertellt, datt he bald sien Boortsdag hett. Ik heff mi vörnahmen, den Dag nich to vergeten. En passend Geschenk heff ik mi al utdacht. Dat Richtige to finnen füll mi nich allto swoor, denn to’n drütten Boortsdag kann een noch so allerhand bruken.

Navers

En Naversche to de anner: „Wi warrt bald in en schöön Gegend wahnen." – De anner Naversch: „Un wi in en ruhigere." – „Wi dat – trecken se ok üm?" – „Nee, wi blievt!"

Schooltest

Lütt Hinnerk is söss Johr oolt worrn. Se hebbt em in de School anmeldt. Letzten Dingsdag sull he mit sien Modder to'n Schooltest kamen.
He weer en beten stolt gegenöver de Jungs ut de Naverschop, de noch nich oolt noog weren för de School. He harr al vun den niemoodschen Schooltest hööрt, den he dörchstah'n müss. Dat möök em so'n beten nervöös. Dat help aver nix, Dingsdag müssen se hen.
De Schooldokter in den witten Kittel tööv al. Nadem de Dokter so allerhand nieschierige Fragen stellt un nakeken harr, ob Hinnerk 'n Kopp mit Mund un Nääs, twee Ohren un twee Ogen harr un sünst allens in de Reeg weer, güng dat an den Test.
De Dokter geev Hinnerk enen Bagen witt Papier un enen smucken bunten Bliesticken.
„Kannst du denn schon malen?" „Ja dat kann ik!" „Dann male doch deinen Vater." „Dat is ja lichten Kraam", geev Hinnerk to weten.
Hinnerk fangt an to malen. He leet sik nich stören un nich aflenken. Maalt allens, wat to sien Vadder hööрt.
„So – dat is he." Hinnerk langt den Dokter dat Kunstwark hen. „Oh! – der sieht ja gut aus. Aber warum sind denn die Beine nur halb auf dem Bild?" Hinnerk wies up dat Bild. „Dat is doch kloor, dat güng eenfach nich Herr Dokter, dat Papier weer to lütt. Se mütten weten, mien Vadder is doch ornlich wat groot."

Plattdüütsch in de School

Emma lehrt Plattdüütsch. Stolt vertellt se ehr Modder: „Nu kann ik al goden Dag un Danke seggen!“ – „Wat schöön“, meen ehr Modder dröög, „in Hochdüütsch kunnst du dat bet-lang nich!“

Frünnen

So üm de Tiet twüschen tweet Fröhstück un Meddag weren mien Fru un ik vun’t Inköpen afjachtert. Wi weren riep för ’n Tass Kaffee. Dat Grootinköpen in de Stadt, för uns unwennt un beswoorlich, harr uns swoor tosett. Dat mutt ok anner Lüüd so gah’n sien. In den Etenruum vun dat Koophuus seten al gaatlich veel Lüüd. Mehrstendeels ok Inköpers as wi. Se harrn Taschen, Tüten un anner Inkoopspackellaasch bi sik.
Mien Fru harr gau enen lerrigen Disch utmaakt, wo wi mit uns Packels lannen kunnen. Dat Sitten un de Tass Kaffee leet uns snell de Loperie dörch de Straten un Koophüüs vergeten.
Mang de Vertellerie mit mien Fru güngen mi af un an en poor Wöör vun den Disch achter mi to Ohren. Dor harrn sik naeen-anner twee Mannslüüd infunnen. As ut de Snackerie ruttohö-ren weer, harrn sik de beiden tofällig an den Disch drapen. De een wahn in de Stadt. De anner weer för’t Borgdoor to Huus.
Wat weer dat, heff ik richtig höört? Wohrhaftig, de een smeet af un to en poor plattdüütsch Wöör mang sien Vertellen. Dat duur nich lang, dor harr ok de anner männich plattdüütsch Wöör tofaten. Bevör ik richtig to’n Besinnen keem, weer de Vertellerie vun Hoochdüütsch up Plattdüütsch wesselt. Een kunn hören, dat Ünnerhollen weer dorbi in dat richtig Fohr-water lopen un güng dorbi bedüdend lichter up Kurs. Een kunn glöven, dor harrn sik welk wedderdrapen, de sik lange Tiet nich seh’n harrn. Twee ole Frünnen, de sik al lang kennt un de sik nu so allerhand ut de Tieden to vertellen wüssen.

Ik sülven harr mal wedder Plattsnackers vör Ohren, de ik to anner Tieden nich ümmer bi de Hand heff. Welk vun de plattdüütschen Frünnen, welk vun mien Frünnen!
Welkeen nu an't Enn mehr Fründ bedüden dee, de beiden sik oder de beiden mi, dat ruttofinnen leet mi mien Fru keen Tiet mehr. Se güng nich up den Hannel in, den Anfang vun den tweten Inkoopstörn noch wieder ruttoschuven. Se harr dat unversehns hild, den Inkoopskraam achter sik to bringen. Schaad, villicht draap ik de niegen plattdüütschen Frünnen bi uns nächst Inkoopstuur wedder. Denn weet ik seker ok wat ut de Tieden to vertellen.

Anner Frünnen

„Dat is reinweg slimm mit mien Fründ Paul. Nie hett he Geld." – „Wull he di anpumpen?" – „Nee, ik em!"

Dor hett en Uul seten

Dissen Snack, „Dor hett en Uul seten", kennt wi all. Dat heet so veel as: dor is nix ut worrn, de Saak kann's vergeten. As dat aver togeiht, wenn dor wohrhaftig en Uul seten hett, dat will ik nu vertellen.
Wi harrn to Huus enen Duvenslag, baben in de Afsiet. He leeg genau achter de Slaapstuuv vun mien Öllern. Enes Daags meern in de Nacht wörrn mien Öllern vun groten Larm ut den Slaap reten. In de Afsiet weer groten Krach. De Duven slögen as wild mit de Flunken. Mien Vadder kröööp ut de Puuch, üm natokieken. As he de Döör vun de Afsiet upmaken dee, keem em en Uul in de Mööt. He verfehr sik bannig. De Uul floog an em vörbi un lann in'n Flur up dat Avenrohr. „Dor sitt se goot", meen he to mien Modder. „Dor kann se bit morgen fröh sitten blieven." Snell kroop he wedder in't warme Bett.

An'n annern Morgen weer mien Modder as eerst ut de Puuch. Ehr eerst Weg weer na de Uul. De seet wohrhaftig noch as starr up dat Avenrohr. Blots de Oogen bewegen sik. Se plier mien Modder an, as wenn se seggen wull: „Ik kann nix dorvör, ji hebbt mi ja nich na buten laten!“ Nu gewohr mien Modder eerst, wat sik up'n Flur afspeelt harr. Se slöög de Hannen övern Kopp tosamen un lamenteer luut: „Vadder, Vadder, nu kiek di dat Speelwark an, vunwegen dor kann se ruhig sitten blieven!“

Ünner de Uul seh dat gräsig ut. In de Nacht harr se ehr Geschäften up den Footbodden fallen laten. De Wännen un de Footbodden weern mit groot un lütte Placken vull sprütt. De düüster Döör harr bit in Kneehöcht witte Sprenkeln. Nu müss de Uul aver eerstmaal na buten. Dat güng beter, as wi dacht harrn. Dörch dat apen Finster flöög se mit staatschen Swung na buten. Blots de Arbeit bleev för mien Modder. De ganze Kraam weer in de Twüschentiet fastdröögt. Mien Modder hett schüürt un schüürt. Sülven mit de scharpsten Schüürpulver güngen männich Placken nich weg. Se müssen den Footbodden un de Wännen nie anmalen.

Hier harr sik mal de Redensoort ümdreiht. Vunwegen, – dor hett en Uul seten –, dor kümmt nix na. Hier harr würklich en Uul seten.

'n anner Uul

„Wo oolt is egentlich dien Papagei?“ – „Dat kann ik di leider nich genau seggen“, geev Peter trüch, „aver he sprickt ümmer veel vun den Dörtigjährigen Krieg!“

Argerlich

Mit veel lude Knallerie un enen Barg Füürwark hett man dat ole Johr to Enn bröcht un dat nie Johr anfungen. Mien Naver hett dor ok ornlich wat mit bi holpen. He harr sik mit enen ganzen Barg Raketen, Böller un Knallpoggen versorgt. För dat ole Johr harr he al 'n ganze Reeg Raketen in de Luft jaagt. Mit luden Knall ballern se baben in de Luft uteneen. Welk dorvun kemen as bunte Lichtsteerns langsam wedder na de Eer hendaal sweevt.

Dat nie Johr wull he mit en besonners groot Rakeet begröten. De sull vun sien Terrassenmuur up de Reis gah'n. Mit'n Rietsticken harr he de Glöhsnoor al ansteken. De Füürworm, Funken un lütt Steerns spiend, krööp an de Glöhsnoor henlang. En hell Füürschien sett de Drievladung in Gang. Mit luut Hulen un schrill Fleiten trock de Rakeet in'n hogen Bagen vun de Terrassenmuur in de swarte Nacht.

Wi luuren up den Knall. Aver keen Knall leet sik hören. Verdreetlich meen mien Naver: „Dat weer ja woll en Blindgänger." He weer noch nich to Enn, dor suus dat Fleiten graadwegs up uns to. Kort achter uns an de apen Terrassendöör geev dat enen luden, gräsigen, harten Knall. Enen bannigen Schreck jaagt mi in de Knaken. Ik harr foorts weke Knee un Fööt so swoor as Blie.

Över dat Süll vun de Terrassendöör weer en Füerball to seh'n. De suus as en Katteker an den Döörrahmen in de Höcht. „Puff, zisch", möök dat dorbi. Dorna weer't still un düüster as tovör. Kort achterna röök dat elennig na verbrennt Plastiktüten. Hellich griesen Qualm krööp över dat Dörensüll na buten. Mien Naver suus binah so flink as de Rakeet in sien Stuuv un möök Licht. Dor harrn wi den Larm, de Gardien vun de Döör weer verswunnen. Daför weern an den Döörrahmen, wo sünst de Gardien hungen harr, pickswarte Brand- un Sottplacken. Mit upregte, bevrige Stimm hööR ik mien Naver ut de Stuuv bölken: „Dat is di villicht enen argerlichen Knall weest!"

Ok Johreswessel

„Peter, wi kunnen doch den Johreswessel in de Bargen fiern!“ - „Unmööglich, denk an uns velen Schullen, Lieschen!“ - „Ach wat, an uns vele Schullen künnt wi ok in de Bargen denken.“

Wortliste – **Woortlist**

Aal	**Aal**	Aale	**Aal / Aals**
ab	**af (up un af, vun af)**		
Abend	**Avend**	Abende	**Avends / Avenden**
abends	**avends (avends Klock acht)**		
Abschnitt	**Afsnitt / Stremel / Streek / Deel**		
alle	**all (all tohoop,** alle zusammen)		
allein	**alleen / eenzig (he is alleen to Huus)**		
alles	**allens (allens, wat he kreeg)**		
Alltag	**Alldag**		
als	**as / at / do (as he noch lütt weer)**		
alt	**oolt**	älter	**öller**
Anfang	**Anfang**	Anfänge	**Anfänge**
Anteil	**Andeel**	Anteile	**Andelen**
Antwort	**Antwoort / Anter**	Antworten	**Antwoorden / Anters**
antworten	**antwoorden, antern**		
Apfel	**Appel**	Äpfel	**Appels/n**
Ast	**Telg / Telgen**	Äste	**Telgens**
auf	**up / op (up un af / up un daal)**		
aufhalten	**uphollen (he kann uphollen)**		
Backbord	**Backboord (links)**		
baden	**baden (ik baad, he / se baadt, wi baadt)**		
Badezimmer	**Baadstuuv**		
Baum	**Boom**	Bäume	**Bööm**
bei	**bi (bi de Fru steiht dat Kind)**		
beide	**beid (beid gaht se na Huus)**		
Berg	**Barg**	Berge	**Bargen**
Beruf	**Beroop / Profeschoon**	Berufe	**Beropen**
besser	**beter (em warrt beter)**		
besuchen	**besöken (ik besöök, he / se besöcht, wi besöökt)**		
bezahlen	**betahlen (ik betahl, he / se betahlt, wi betahlt)**		
Bild	**Bild**	Bilder	**Biller**

bin (ich bin)	**bün (ik bün groot)**		
bleiben	**blieven (ik bliev,du bliffst,wi blieft / blieven)**		
bloß	**bloot (naakt)**		
Blume	**Bloom**	Blumen	**Blomen**
Blumenhändler	**Blomenhöker**		
Boden	**Böhn**	Böden	**Böhns**
breit	**breet / breder (de Weg is breet)**		
bringen	**bringen/bröcht**		
	(ik bring, he bringt, wi bringt)		
Bruder	**Broder**	Brüder	**Bröders**
Dach	**Dack**	Dächer	**Dacken / Däcker**
Deich	**Diek**	Deiche	**Dieken**
dein	**dien / diene (dien Book)**		
der, die, das,	**de / de / dat (de Mann, de Fru, dat Kind)**		
dies, dieses	**dit /düt (dit Book is sien)**		
diese, dieser	**disse / düsse (disse Laden is slaten)**		
Dorothea	**Thea**		
draußen	**buten (buten un binnen)**		
drehen	**dreihen (ik dreih, he / se dreiht, wi dreiht)**		
drinnen /innen	**binnen (binnen un buten)**		
du	**du (ik, du, he, se, dat)**		
dunkel	**düster, düüster, duuster**		
dürfen	**dörven (ik dörv, he / se dörv, wi dörvt)**		
ein / eins	**een (een, twee, dree, ...)**		
ein / eine /einen	**en / 'n (en Mann, en Huus, 'n Kind)**		
einkaufen	**inköpen / inhalen**		
einzeln	**enkelt**	einzelne	**enkelde**
Eis	**Ies (Iesbahn, Glatties)**		
Eisen	**Iesen**		
Eisenbahn	**Iesenbahn**	Eisenbahnen	**Iesenbahnen**
Elster	**Heister / Hester**		
Eltern	**Öllern (Grootöllern)**		
Ende	**Enn (langes Enn)**	Enden	**Ennen**
er	**he (ik, du, he, se,dat)**		
es	**dat (ik, du, he, se, dat)**		

essen	**eten (ik eet, he / se itt, wi eet)**		
fahren	**föhren / fohren (ik föhr, he / se föhrt, wi föhrt)**		
fertig	**fardig / fardigmaken / afslaten**		
Flugzeug	**Fleger / Floogtüüg**	Flugzeuge	**Flegers**
fragen	**fragen (ik fraag, he/se fraagt, wi fraagt)**		
Frau	**Fru**	Frauen	**Fruuns**
freuen	**freien / freuen / högen (ik frei mi, he / se freit sik, wi freit uns)**		
Friedrich	**Fiete**		
früh	**fröh / fröher / fröhtiedig**		
geben	**geven (ik geev, he / se gifft, wi geevt)**		
gehen	**gah'n (ik gah, he / se geiht, wi gaht)**		
Gemüsehändler	**Gröönhöker**		
groß	**groot / grot / grötter / gröttste**		
Großmutter	**Grootmodder**	Großmütter	**Grootmodders**
Großonkel	**Grootunkel**	Großonkel	**Grootunkels**
Großtante	**Groottant**	Großtanten	**Groottanten**
Großvater	**Grootvadder**	Großväter	**Grootvadders**
gut	**goot / gode / goden**		
haben	**hebben (ik heff, he / se hett, wi hebbt)**		
Hafen	**Haven / Haav**	Häfen	**Havens**
halb	**half / halve / halvig (Halfjohr)**		
hängen	**hangen (ik hang, he / se hangt,wi hangt / hängt)**		
Haus	**Huus**	Häuser	**Hüser**
Hecke	**Heck**	Hecken	**Hecken**
heißen	**heten (ik heet, he/se heet, wi heet / heten)**		
Helene	**Lene**		
heute	**hüüt / hüdigendaags / hüüttodaags / vundaag,**		
hinab	**daal / dal / hendaal / rünner**		
hinten	**achtern (achtern an de Straat)**		
hinter	**achter (achter dat Huus)**		
holen	**halen (ik haal, he / se haalt, wi haalt)**		
Huhn	**Hohn**	Hühner	**Höhner**
Hühnerstall	**Höhnerstall**		
Hund	**Hund**	Hunde	**Hunnen**

hundert	**hunnert / eenhunnert tweehunnert**		
ich	**ik (ik, du, he, se, dat)**		
ihr	**ji (wi, ji, se)**		
innen /drinnen	**binnen (binnen un buten)**		
Jahr	**Johr**	Jahre	**Johren**
jeder	**jede / jeder / elk / elkeen / jeedeen / jedereen**		
jedermann	**elk / elkeen**		
jedesmal	**jeedeenmal / elkmal / allemal**		
Junge	**Jung**	Jungen	**Jungens / Jungs**
Karl	**Korl**		
Käsehändler	**Keeshöker**		
kaufen	**köpen / kopen (ik kööp, he / se köfft, wi kööpt)**		
Kind	**Kind**	Kinder	**Kinner**
Kinderzimmer	**Kinnerstuuv**		
klein	**kleen / lütt / lüürlütt**		
können	**könen / köönt**		
Kraut	**Kruut**	Kräuter	**Krüder**
Küche	**Köök**	Küchen	**Köken**
Kuh	**Koh**	Kühe	**Köh**
kurz	**kort / kott (kort un kleen)**		
Lampe	**Lamp**	Lampen	**Lampen**
Land	**Land**	Länder	**Länner**
lang	**lang (langes Enn, lang un breet)**		
laufen	**lopen (ik loop, he / se löppt, wi loopt)**		
leben	**leven (ik leev, he / se leevt, wi leevt)**		
Leben	**Leven (en Leven lang)**		
lehren	**lehren (bibringen) (ik lehr, he / se lehrt, wi lehrt)**		
lernen	**lehren (studeren)**		
Leuchte	**Lücht / Lüch**	Leuchten	**Lüchten**
Leute	**Lüüd**		
Licht	**Licht / Liecht**	Lichter	**Lichten**
liegen	**liggen (ik ligg, he / se liggt, wi liggt)**		
links	**links (linker Hand / backboord)**		
machen	**maken (ik maak, he / se maakt, wi maakt)**		
Mädchen	**Mäten / Deern**	Mädchen	**Mätens / Deerns**

Mann	**Mann**	Männer	**Mannslüüd**
Mauer	**Muer / Muur**	Mauern	**Muern**
Maurer	**Murer / Muurmann Muerlüüd**		
Mensch	**Minsch**	Menschen	**Minschen**
Minute	**Minuut**	Minuten	**Minuten**
Mitte	**Mitt / Middel / Meern**		
Morgen	**Morgen / Moorn (fröh an'n Morgen)**		
Mutter	**Modder**	Mütter	**Modders**
	Moder /		**Moders**
Nachbar	**Naver**	Nachbarn	**Navers**
neben	**neven**	nebenan	**nevenan**
neu	**nee / nie / nüü / nieg (dat Nie, wat Nies)**		
neugierig	**neeschierig / nieschierig**		
nur	**blot / blots (blot de Modder is to Huus)**		
oben	**baben (baben un ünnen)**		
offen	**apen / up (de Döör steiht apen)**		
oft	**oft / oftins / faken / männichmal**		
Onkel	**Unkel**	Onkels	**Unkels**
Person	**Persoon**	Personen	**Personen**
Pfanne	**Pann**	Pfannen	**Pannen**
Pfeffer	**Peper (Peperfatt / Peperkoorn / Pepernööt)**		
Pfeife	**Piep**	Pfeifen	**Piepen**
Pferd	**Peerd**	Pferde	**Peer / Pier**
Pforte	**Poort**	Pforten	**Poorten**
Raum	**Ruum**	Räume	**Rüüm**
rechnen	**reken (ik reken, he / se rekent, wi rekent)**		
rechts	**rechts (rechter Hand / steuerboord)**		
reisen	**reisen (en Reis maken)**		
Sache	**Saak**	Sachen	**Saken**
sagen	**seggen (ik segg, he / se seggt, wi seggt)**		
Schaf	**Schaap**	Schafe	**Schaap / Schapen**
Schiff	**Schipp**	Schiffe	**Scheep / Schepen**
Schlachter	**Slachter (Slachterie /Slachthoff)**		
schlafen	**slapen (ik slaap, he / se slöppt, wi slaapt)**		
Schlafzimmer	**Slaapstuuv**	Schlafzimmer	**Slaapstuven**

Schrank	**Schapp**	Schränke	**Schäpp**
schreiben	**schrieven (ik schriev, du schriffst, wi schrievt)**		
Schule	**School**	Schulen	**Scholen**
Schwester	**Swester / Süster**	Schwestern	**Swestern/ Süstern**
sehr	**heel / bannig / unbannig / dull**		
Seite	**Siet**	Seiten	**Sieden**
sie	**se (ik, du, he, se, dat)**		
sind	**sünd (ik bün, he / se is, wi sünd)**		
sitzen	**sitten (ik sitt, he / se sitt,wi sitt)**		
Sohn	**Söhn**	Söhne	**Söhns**
soll	**sall / schall (ik sall inköpen)**		
sollen	**schölen (ik schall, he / se schall, wi schüllt)**		
spät	**laat (wo laat is de Klock)**		
später	**later / laterhen / naher / nahst / nahstens**		
spielen	**spelen (ik speel, he / se speelt, wi speelt)**		
sprechen	**spreken (ik spreek, he / se sprickt, wi spreekt) snacken (ik snack, he / se snackt, wi snackt)**		
Sprichwort	**Sprickwoort**	Sprichwörter	**Sprickwöör**
Stadt	**Stadt**	Städte	**Städer**
Steuerbord	**Stüürboord (rechts)**		
Stuhl	**Stohl**	Stühle	**Stöhl(s)**
Stunde	**Stunn**	Stunden	**Stunnen**
Tag	**Dag**	Tage	**Daag**
Tageszeit	**Dagestied**	Tageszeiten	**Dagestieden**
Teich	**Diek**	Teiche	**Dieken**
teilen	**delen (ik deel, he / se deelt, wi deelt)**		
Tier	**Deert / Diert**	Tiere	**Deerten**
Tisch	**Disch**	Tische	**Dische**
Tischler	**Discher**	Tischler	**Dischers**
Tochter	**Dochter**	Töchter	**Döchter**
Topf	**Pott / Putt**	Töpfe	**Pött / Pütt**
tragen	**dregen (ik dreeg, he / se driggt, wi dreegt)**		
Treppe	**Trepp**	Treppen	**Treppen**
trinken	**drinken (ik drink, he / se drinkt, wi drinkt)**		

tun	**doon (ik do, he / se deit, wi doot)**		
Tür	**Döör**	Türen	**Dören**
Uhr	**Klock**	Uhren	**Klocken**
Uhrzeiten	**Klockentieden (wat is de Klock?)**		
und	**un (Huus un Hoff)**		
unten	**ünnen (ünnen un baben)**		
Vater	**Vadder**	Väter	**Vadders**
	Vader		**Vaders**
Vetter	**Vedder**	Vettern	**Veddern**
viel	**veel**	viele	**vele**
von	**vun, von (he springt vun de Brüch)**		
vor	**vör, vor (vörbi / vörher / tovör)**		
vorn(e)	**vörn (vörn is noch veel Platz)**		
wachsen	**wassen (ik wass, he / se wasst, wi wasst / wassen)**		
Wand	**Wand**	Wände	**Wännen**
Wasser	**Water (Drinkwater)**		
Weg	**Weg**	Wege	**Weeg**
wer	**wokeen / welkeen / welk / keen**		
werden	**warrn / warden (ik warr, he / se warrt, wi warrt)**		
wir	**wi (wi, ji, se)**		
Woche	**Week**	Wochen	**Weken**
Wochenmarkt	**Wekenmarkt**		
wohnen	**wahnen / wahnt (ik wahn, he wahnt, se wahnt)**		
wollen	**wüllen / willen (ik will, he will, wi wüllt / wüllen)**		
wundern	**wunnern / wunnerwarken (he wunnert sik)**		
Wunsch	**Wunsch**	Wünsche	**Wünsch**
wünschen	**wünschen (he wünscht sik 'n Klock)**		
Zahl	**Tall**	Zahlen	**Tallen**
zählen	**tellen (ik tell, he / se tellt, wi tellt)**		
Zaun	**Tuun**	Zäune	**Tüün**
zeigen	**wiesen (wies mi den Weg)**		
Zeiger	(Uhrzeiger / Wegweiser) **Wieser**		**Wiesers**
Zeit	**Tiet**	Zeiten	**Tieden**
Zug	**Tog**	Züge	**Töög**
Zweig	**Twieg**	Zweige	**Twiege**